人類大疫考

AWAKENING
BOARD

CLOSED

李欣頻——著

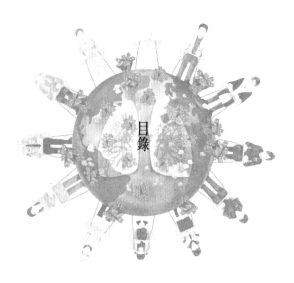

目錄

自序

2020 年 422 世界地球日
將這本《人類大疫考》獻給地球母親

我在寫這篇作者自序的時間,「恰巧」是 2020 年 4 月 22 日世界地球日,為什麼說是「恰巧」呢?讓我把時間往前推 21 天,跟大家說一下這三周發生了什麼。

2020 年 4 月 1 日下午,我與生鮮時書負責人劉俊佑見面,聊了我在三月中想寫一本「談這次疫情對人類的啟示」的書,我還記得那天很「著急」地跟他說:「這本書若要出版就得非常快,要趕在大家快要麻木、快要遺忘、來不及反思之前。」當時我手上只有幾行字的概念,就提供給他去找在地球上「能在最短時間內完成」的出版社。

4 月 8 日劉俊佑來訊跟我說商周出版社有興趣,接著出版社淑貞與鳳儀就以超倍速的時間,在 4 月 10 日把合約快遞到我家(我們連

面都沒見，感謝妳們的信任），我就在 4 月 11 日正式開始寫這本《人類大疫考》，沒日沒夜全天都在電腦前書寫，或是在書房找資料，或是在網路搜新聞。

4 月 13 至 15 日，照原定計劃與我天行者讀書會的夥伴到台東金樽小旅行，白天跟大家四處吃吃喝喝、討論成立生態村的細節、一起為地球目前的疫情現況開阿卡西紀錄（感謝江江、Michael、以及所有讀書會夥伴的協助）、在面海的草坪上跳舞祈福冥想⋯⋯，晚上則把自己關在台東最美的小白宮樓上房間書寫（謝謝 SADA提供如天堂般的場地）。就在我提出封面的想法：「各國各行各業的人都在埋首應考，地球外觀看起來是新冠病毒的形狀」後不到三天，出版社就傳來了右頁這張草圖，我很驚訝，無比感謝她們全力配合的超光速效率，也感謝這本書願意透過我誕生在地球上。

回台北之後又開始沒日沒夜地書寫，直到讀書會的夥伴提醒我 422是世界地球日，巧合的是，我剛好在這天完成全書稿，而且驚覺 2020 地球日 50 周年，與我的 50 歲同步，都是在 1970 年開啟了地球人類意識覺醒與我的身體生命，所以這本高速耗盡我精力

的《人類大疫考》，就誠心獻給地球蓋亞母親，感謝妳的滋養、妳的慈悲、妳的智慧、妳的美好、妳溫暖的大愛，願全人類因疫而醒，從此和平健康共好。

李欣頻寫於 2020 年 4 月 22 日世界地球日

台北

第 1 章

從地球生命場的觀點

來看人類大考設計目的與成因

如何辨認出離奇、超現實的考題

相信大家已經體驗到了 2020 的強大威力，也創下了人類史上第一次超過 2/3 人口居家閉關的歷史紀錄。這次疫情是全方位無死角地打亂生活原有的秩序，包括生命、人性、公共衛生、醫療、政治、經濟、國際關係……等等。無論有無染疫，對全球每個人而言都是一場劇烈衝擊的大考；[1] 如果這次疫情把全球大部分的人打入谷底，那麼接下來哪些人開始 V 字復甦，哪些人一路兵敗如山倒，就會造成未來拉大差距的重要關鍵。

如果用四個字來總結大部分人的生命旅程，不外乎就是生、老、病、死。為什麼說是「大部分」人呢？因為有些人沒有經過「病」、「老」，直接從「生」跳階到「死亡」。每個人自出生起就開始了自己的個別體驗，依照年齡面對一關又一關的考題：原生家庭、自我認同、人際關係、伴侶關係、親子關係、工作金錢、疾

---

1. 這次疫情宛若大考的想法，是我在 2020 年 1 月 23 日在「天行者未來學院」一場線上公益直播上首次提出來。

病健康、生死別離……，這些全都是人類題庫的基本題型，我們在各自的生活考場中，淬煉出自己獨一無二的英雄之旅。

整個人類史上發生過很多次「集體大考」的題型，強化了個別考題的難度，例如：天災（地震、洪水、海嘯、颶風、火山爆發……）或是人禍（戰爭、政治對立、經濟劇盪……），但如果把全球人類史縮時成一部大約十分鐘的短片，我們會看到不斷的重複性，這也就是為什麼有人說時間其實是一個循環之圓，而不是線性的。光從「線性」到「圓形／螺旋」（從側邊看是螺旋向上或向下，由高空往下俯瞰就是圓形」本身就是視野升維的轉變，就像是電影《異星入境》（Arrival）中外星人的圓形文字，頭與尾是同時形成的，當你起了怎樣的開頭，其實就已經註定了結局版本，因果同時生成，而這個圓形內藏了桂格・布來登（Gregg Braden）在《碎形時間》（Fractal Time）裡所說的：「這些反覆的循環給了我們『抉擇點』（choice point），又稱『決定點』（decision point）的機會，容許人類為這次循環選擇新的結果。」

人們是如何領悟自己生命體驗以外的智慧？除了透過歷史、知識（教育、書本）、先人的傳承之外，近代人以觀看戲劇、電影的方式，來讓自己身歷其境超越現實的經驗。在許多戲劇、電影、小說的各種類別中，災難的議題是很主流的，這也是人類考場的必考主題：「死亡」所延伸出來的——正因為每個人都會死（終點），所以由「死」向「生」投射、衍生出來的各種題型，根據時空不同而有了故事情節的變化。但究竟是誰在出考題？是誰在應考？題型是什麼？考試的目的為何？怎樣應答才算通過？怎樣算是不過關？過關了會如何？不過關又會到哪裡呢？

我們可以回想一下小時候常見的數學題：「三隻雞與四隻兔放在一個籠子裡，請問有幾隻腳？」被學校訓練有素的我們，馬上就可以回答出「$3 \times 2 + 4 \times 4 = 22$」，但很少人真的在現實生活中看到「三隻雞與四隻兔」在一個籠子裡，就算我們真的在現實生活中看到，也會覺得有點「離奇」與「超現實」，而這正是「考題」的特徵，就像是電影《全面啟動》（Inception）、《口白人生》（Stranger than Fiction）、《楚門的世界》（The Truman Show）的概念：你得先辨認出你在夢裡還是夢外、劇場（本）裡還是劇場（本）外、考場內還是

考場外，因為夢裡夢外、戲裡戲外、題裡題外的邏輯完全不同，一旦你辨認出「離奇」、「超現實」，你就不會用原來現實生活的邏輯、情緒、反應方式去面對，一如你不會對著考卷大罵「是哪個笨蛋會把雞兔放在同一個籠子裡？」因為考題是「離奇、超現實」的，不是你所體驗的「真實」，所以你可以用遊戲或劇本創造者的角度看新聞哪裡離奇，有助於我們用超然的角度快速破關。

整個人類史上的天災人禍不少，但考的核心其實都是換湯不換藥。讓我們先以「疫」情來做為「人類大考」的示範分析，因為集體考試的題型，無論是地震、海嘯、洪水、大火、戰爭⋯⋯大部分都是區域性的，或是只發生在某幾個國家之內，頂多像第一次、第二次世界大戰那樣有數十個國家牽連其中，但疫情影響的範圍可以快速擴展到全球，可說是人類大考之王。

如果提 2002 年至 2003 年的 SARS 有點久遠的話，我們就直接以新型冠狀病毒 Covid-19 為例：從 2020 年初大爆發至今，國際頭版新聞離奇誇張，像是每天刷新人類歷史紀錄般，每一條都具有成為電影畫面的戲劇張力。如果你回到 2019 年底，你無法想像世

界會有超過 2/3 以上人口被限制在家不可外出，無法想像各航空公司幾乎快要全部停航，無法想像中國、美國、韓國、日本、伊朗、義大利、西班牙、土耳其……幾天、幾周、幾個月之內死亡人數遠遠超過戰爭、恐怖攻擊、各種天災人禍的數字，無法想像一艘鑽石公主號遊輪上就有七百多位染疫、甚至上演著現代版鐵達尼號的生死劇情，無法想像許多國家的皇室、英國首相、政府高層、好萊塢明星、NBA 球星、歌手、設計師、演員……在最短時間之內像馬拉松接力般一一染疫甚至身故，無法想像飯店、電影院、餐廳、旅遊業幾乎全面停擺，無法想像這場疫情直接影響到全球 81%（全球 33 億勞工人口中的 27 億）以上勞工的生計，無法想像國際勞工組織（ILO）預測 2020 年第二季全球失業人口恐達到 1.95 億，無法想像無以數計的企業、銀行、航空公司接連倒閉，無法想像全球很受歡迎的太陽馬戲團也在破產邊緣，連 NBA 球賽、四年一次奧運會在東京、五年一次世界博覽會在杜拜、米蘭時裝周、漢諾威工業展……都一一停辦。人類像是瞬間當機般全球接連停擺，經濟損失已經大到無法估算，這些都是二次世界大戰後最嚴重狀態。

這隻橫空出世的巨大「黑天鵝」[2]，在短短幾個月時間內，顛覆了這個世界幾百千年以來建立的遊戲規則，很多人至今還是覺得非常不真實，就像是瞬間掉進了有如電影《全面啟動》最底層的夢境，這種「典範轉移」就相當於瞬間被抽換極艱難的考題，更像是全球臨時聯考般，無一倖免。

更離奇的是，全球局勢越來越往「疫」猶未盡的方向在進行，而且封關封鎖的時間「疫」延再延，越來越多專家指出 Covid-19 不會在短期內消失，有可能會在秋冬或隔年春天再次興起，比爾‧蓋茲的說法是至少影響到 2021 年秋天，臺灣大學公共衛生學院流行病學與預防醫學研究所兼任教授金傳春也提到：新冠肺炎發展到

---

2. 意指黑天鵝效應（Black swan theory），納西姆‧尼可拉斯‧塔雷伯（Nassim Nicholas Taleb）在 2001 年 *Fooled by Randomness* 一書中提到，黑天鵝事件是指極不可能發生，實際上卻又發生的事件。主要具有三大特性（滿足以下兩項即可稱為黑天鵝事件）：
   1. 這個事件的出現出乎一般的期望，人們依從過去經驗不相信會有出現的可能。
   2. 事件會帶來巨大衝擊。
   3. 一旦發生了這樣的事件，人會因為天性使然而做出解釋，讓事件成為可解釋或可預測。

這種地步，已經不可能像 SARS 那樣突然間消聲匿跡，要大家做好「長期抗疫」的心理準備。既然眼前是離奇、超現實、「疫」直醒不過來的考題，那麼我們到底在考什麼主題？哪些科目？這些考題落到各國家、各宗教、各階層的每一個人，題型又有何差異？個別的答案與集體的答案會是一樣的嗎？彼此連動的關係為何？我們是否能升維到地球上方，從人類生命場的制高點來看這場大考設計的目的為何？出題考官希望大家晉級到怎樣的終極狀態？如果我們看懂了，就能很快破題解題，而不是困在悲觀、沮喪、恐懼的情緒之中，一直抱怨考題的不合理。

如何推論出你當下要考的主題是什麼？

這場疫情，是一場考驗人性的全球大考，有的人是見「疫」勇為的逆行者（醫護人員），他們的考場在疫情第一線的醫院；有些染疫者的考場在急診室或是重症加護病房，有的人在隔離所或是被隔離在海上的遊輪，有的人的考場是在工作上，有的人的考場在家裡，有的人的考場在心念中……。病毒是考官，一旦它挑上

你，你就已經被隔離在最嚴酷的大考場中，進行你的密集考訓。

同樣在「大疫」考場，每個人拿到的題型有所不同，有人拿到的是「生命、疾病、生死」題型，有人拿到的是「工作、金錢、生存」題型，有人拿到的是「情感、關係、家人」題型，有人拿到的是「懷疑、信任、謠言」題型，有人拿到的是「自尊、自信、自我認同」題型，有人拿到的是「宗教、信仰、神我關係」題型……。首先你要先辨認出自己拿到的是那幾類題型的考題？如果你生命中還有哪些主修科目尚未過關的，這次通常就會先從這幾個主題開始「疫」有所指，無預警且毫不手軟地臨時抽考。

例如平時賺多少花多少、打零工者、入不敷出、甚至負債的人，在疫情突來封城、全面停工的當下，馬上就面臨到殘酷的生存問題；或是感情不睦的夫妻、親子、家人……以往過完年就閃人閃課題，在突如其來加長版春節因封城被關在同一屋簷下，被迫面對自家殘酷寫實的「家業（力）」課題逃都逃不掉，所以有些地方開始出現高於以往的離婚潮；有人抱怨平常因工作忙所以沒時間完成夢想，第一次遇到這麼長的假期，卻也沒利用時間把想做的事完成（例

如創作），可見他沒有足夠的熱情、動力來完成這個夢想，所以把「工作忙」當藉口，他永遠也不會有完成的一天……。每個人面對的考題都是劍指核心、「疫」針見血而且不拖泥帶水。

要如何推論自己拿的考題是什麼？其實很簡單，請仔細條列出這次疫情前後，你在身心靈與生活上最大的改變、變化是什麼？然後從你條列的清單中，整理出最多的主題究竟是哪一類？是「生命、疾病、生死」題？「工作、金錢、生存」題？「情感、關係、家人」題？「懷疑、信任、謠言」題？「自尊、自信、自我認同」題？「宗教、信仰、神我關係」題？……然後根據這條線索開始往源頭深究，徹底面對自己長年不理會的生命課題，勇敢無懼不逃避地大破大立，之後生命若再發生劇烈的大風大浪，因為生命船底已經沒有待補的破洞，船身很穩定，所以不致於再給你帶來什麼無法應對的課題，「疫」了百了。

人們總是忘記過去，所以一再重複教訓——歷史猶如無限循環的銜尾蛇，《人類大疫考》的「考」，既是「考題」，也是「考古、考究」，而且有「因人類大意而形成的大考驗」、「人類必須透過這次

大戰疫來做徹底蛻變」之意，就是再次提醒我們，同樣的錯不要接連犯這麼多次。接下來，我會以幾個關鍵的問題，來幫大家藉「疫」自修——「修」是「修理、修復」，也是「修行、修練」。

成、住、壞、空的四大思考

前幾天有學生問我，我如何能在十年前（2010 年）就寫出《變局創意學》的這段話：「人可以透過預防醫學的觀念、免疫系統的提升、自我療癒能力的培養，減少對醫院與醫生的依賴；同時透過穩當但不貪不投機的財務處理，為自己與家人留存未來的生活備用金。想要保險、理財，我們都必須有『保險公司或銀行有可能會倒閉』的心理準備。」我的回答是：目前全球各地發生的各種災難，在人類史上都不是第一次，只要把自己的觀察尺度拉到近百年、全世界所發生過的各種極端意外與變動，就很容易做好周全的準備，所以這本《人類大疫考》也是為了從現在起的未來十年所準備的。

本書將以六大章的顯形結構，內藏「成」、「住」、「壞」、「空」四個隱形「疫」圖，來梳理並透析 2020 這場人類大疫考的縱深與廣度：

成：從地球生命場的觀點，來看人類大疫考設計目的與成因。

住：病毒進駐人體或是散布在環境之中，會產生哪些身心的巨變？

壞：大疫考對於當代人類造成哪些破壞，目的是要清理什麼？轉變什麼？

空：每一次大疫考之後，人類最大規模的斷捨離，會讓那個時代的人類清空哪些？如何在大疫之後，做好考後總檢討、總改進，之後就不必再創造下一波的大疫考？

每一個人都會經歷各式各樣的「成、住、壞、空」，如果每個人都開始正視課題，那麼集體大考才有一起過關的可能。

第 2 章

如何辨認出這次疫考？

你手上拿的是哪一套題型？應考方向為何？

2020 是非常具有挑戰的一年、也是一個重新洗牌、歸零、歸位、蛻變的一年，過程中會有考驗不斷、情緒壓力緊繃的狀態。顯而易見**「人類大疫考」**的目的，就是幫全球大部分的人在盲目、瘋狂追著金錢跑的時刻，強制按下暫停鍵，以大規模多處的「疫區同攻」，「疫步疫趨」逼著每個人去檢視過去忽略的重要課題：生命健康，地球環保，生存與生活方式，自己與自己、自己與家人伴侶親友同事的關係，各種族、各宗教、各國之間長年的矛盾與問題……，請問還有誰有能力，或是還有什麼方法，能讓世界瞬間停止繼續瘋狂，讓半數以上的地球人同時閉關自省與蛻變，讓地球得以瞬間熔斷破表的汙染指數，喘息並重啟平衡機制，讓動植物與生態恢復生機？

一日數變萬化的此刻，只能以我們想要的未來決定現在，而不能以現在現況決定未來的重蹈覆轍。只要隨時保持覺知，就相當於在一條塞車的道路上，架設人造衛星導航系統從高維度傳輸給我們現在哪裡又卡關、又塞車的癥結畫面與關鍵源頭，提醒我們不要無意識地像電影《今天暫時停止》（Groundhog Day）那樣鬼打牆地歷史重演，然後建一個高速高架橋來避開塞車困局，人類也得以瞬間扭轉地球的命運。

這場人類大疫考如何抓題？
自我覺察的 12 個破題指標

曼羅迪諾（Leonard Mlodinow）在《醉漢走路：機率如何左右你我的命運與機會》（*The Drunkard's Walk: How Randomness Rules Our Lives*）這本書提到：「人生就像蠟燭的火燄，不斷被各種不同的隨機事件帶往新的方向，而這些事件，連同我們對這些事件的反應，決定了我們的命運。」我們一生中都會遇到大大小小的各種課題、關卡，當下第一直覺的反應與行為，直接揭露每個人的真實本性。我們可以透過對外在事件的情緒反應，來深度反思自己的人生課題，找到自己還沒發現的內在木馬程式[3]，以及被自己再耽擱的夢想，但若未覺知並修正自己，考題就會一再出現，直到我們學會為止，就如同《今天暫時停止》日復一日的循環，每天醒來還是在二月二日的生活劇本，人類歷史也不斷重複著同題型的天災人禍。舉「疫」為例，黑死病、西班牙大流感、SARS、

---

3. 《人類木馬程式》是我在 2018 年出版的書，裡面提到：「木馬」這個詞源自希臘神話的《木馬屠城記》。「木馬程式」的定義是：「遠程控制電腦軟體的駭客工具，在用戶不知情或是未經同意情況下被入侵電腦，在啟動時破壞、被修改資料、或使之無法運作。」絕大部分的人也被埋藏著像這樣的木馬程式，一如電腦中毒，人們會在毫無覺察的情況下被竄改意識、被控制自主權與行為，在相同的情緒情境中一再受困，不斷製造出無意識的鬼打牆限制，輪迴在不快樂與掙扎中，而這些人生框架即是木馬程式。

伊波拉病毒……，到突然全球大爆發的 Covid-19 病毒，時空背景再怎麼更迭，人性的極善與極惡卻沒有什麼不一樣，例如有球員在記者會上輕率地用手摸遍麥克風，有人故意對著空服員或是執法人員咳嗽，有人大量囤積防疫物資然後高價轉賣，有人以低劣的品質製作無防疫能力的口罩，有人在大賣場排隊時搶打了起來，有人有病徵卻吃退燒藥企圖隱匿，有人歧視甚至羞辱被隔離的鄰居，有醫護人員怕被感染全跑光、留老人家在養老院裡自生自滅……，但我們也看到有人拋家棄子地留守在醫院照料病患、千里送食物或防疫物資給醫護人員、醫院護士因為照顧病人，讓自己與家人隔離了好幾個月，還有西班牙馬德里一位計程車司機在疫情爆發後經常免費接送病患往來醫院。這次在世界各地看到無數個「疫」勇英雄，向我們在人類最黑暗的時期展現最溫暖的神性之光；看不見的病毒卻也讓我們看清了人性，考的是：第一時間你想到的是自己還是別人？考的是大家一起好還是同歸於盡？一如全球暢銷書《人類大歷史》（*Sapiens: A Brief History of Humankind*）作者、以色列教授哈拉瑞（Yuval Noah Harari）在接受「德國之聲」（Deutsche Welle）電台訪問時說：「最危險的不是病毒本身。人類擁有能夠克服病毒的科學知識和技術，而真正嚴重的問題是我們內心的惡魔，來自自身的憎惡、貪婪、無知……全世

12個人疫醒 x 12 地球疫圖 = 144 時空轉換雙軸輪

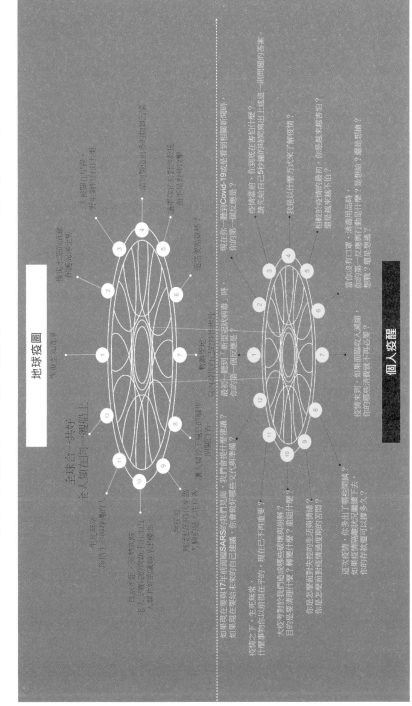

地球疫圖

全球合一共好
全人類在同一艘船上

疫情之下，生死無常，什麼事物你以前很在乎的，現在已不再重要？

大疫之計於我們這次哪些被喚醒與瓦解？目前的是要看清什麼？重看回什麼？

你是怎麼面對與失控的生活與情緒？你是怎麼面對疫情過後的苦悶？

這次疫情，你多出了哪些問題嗎？如果疫情隔離狀況還繼續下去，你的存款還可以撐多久？

如果現在要與17年前面臨過SARS的我們見面，我們會有什麼建議？如果現在要給未來的自己建議，你會做好哪些交代與準備？

最初，聽到「新型冠狀病毒」時，你的第一個反應是？

個人疫醒

現在你一聽到Covid-19或是看到相關新聞時，你的第一個反應是？

疫情當前，你最怕的是什麼？請先寫下自己在5秒鐘的時間寫出上述這一問題的答案

我是以什麼方式來了解疫情？

相對於疫情的最初，你是越來越怕？還是越來越不怕？

當你沒有口罩，消毒用品時，你的第一反應是行動是什麼？是想像？還是想？

疫情未到，如果面臨收人減緩，你的哪些生活行為就不再必要？

界需要憐憫和團結來幫助需要的人。」所以同一本疫考，毫不手軟地對應到每個人的核心課題，至今尚有許多人還沒離開考場。

當我們已經置身在人類大考場之中，該如何破題與解題呢？我以2020 年新型冠狀病毒 Covid-19 疫考為例，來示範「自我覺察」的 12 個破題指標：

自我覺察的第 1 個指標：
最初一聽到「新型冠狀病毒」時，你的第一個反應是？

新型冠狀病毒（後來更名為：Covid-19）自 2020 年 1 月大爆發至今也隔了一段時間，不知道大家是否能回想起來，**當時第一時間第一次聽到「新型冠狀病毒」時，你的第一個反應是什麼？**請你花幾分鐘的時間，回顧一下當時從你腦海中跑出來的第一個感覺、情緒、念頭、畫面，或是什麼字詞都可以，想到什麼或是感覺到什麼，都請寫在表格的左欄：

	第一時間聽到「新型冠狀病毒」的相應新聞事件	自己的感受、反應列表（依你想到的排序下來）	對照霍金斯意識能量指數，你的反應屬於哪一個等級？
1			
2			
3			
4			
5			
6			
7			
8			
9			
10			

（可自己延伸書寫）

等你寫完左欄之後，依據影響你的程度列出來，對照以下大
衛·霍金斯（David R. Hawkins）的人類意識能量指數，把相應的感
受的指數標示到右欄上。

1 開悟正覺：700-1000　　　10 驕傲刻薄：175

2 寧靜極樂：600　　　　　11 憤怒仇恨：150

3 平和喜悅：540　　　　　12 慾望渴求：125

4 仁愛崇敬：500　　　　　13 恐懼焦慮：100

5 理性諒解：400　　　　　14 憂傷無助：75

6 寬容接納：350　　　　　15 冷漠絕望：50

7 主動樂觀：310　　　　　16 內疚報復：30

8 信任淡定：250　　　　　17 羞恥蔑視：20 及以下

9 勇氣肯定：200

舉例：

	第一時間聽到「新型冠狀病毒」的相應新聞事件	自己的感受、反應列表（依你想到的排序下來）	對照霍金斯意識能量指數，你的反應屬於哪一個等級？
1	武漢封城	焦慮、恐慌→害怕沒有食物會餓死→自己對於生存的焦慮	100：恐懼焦慮
2	曾出演蝙蝠俠三部曲《黑暗騎士：黎明昇起》男星傑伊・班內迪特（Jay Benedict）因Covid-19引發嚴重併發症病逝	哀傷→這麼優秀的演員，因疫情身故很可惜→自己還有夢想還沒完成的擔憂	100：恐懼焦慮

這就是我們要自我觀察的第一個指標：為什麼同樣的新型冠狀病毒，每個人的第一反應會如此不同？而這個從腦海裡跑出來的第一反應，就代表你面對生命核心問題的慣性「反應爐」、你拿來應對現在與未來的指數投射模組，也是你的生命高度，請對照霍金斯意識能量指數檢查一下等級所在。

舉例來說，如果你第一時間知道有這個病毒，你的第一個想法是「SARS 又來了嗎？現在醫療這麼進步，應該沒事吧？」對照現在你所看到的全球狀況，你就能明白自己平時太輕乎「變化與無常」——大自然裡沒有固定的生活方式，變就是唯一的不變，如果你能真正「活在當下」，那麼此時此刻都與前一秒截然不同，一如李爾納・杰克伯森（Leonard Jacobson）在《回到當下的旅程》（*Journey into Now*）提到的：「我們都在沉睡中，生活就是我們所做的夢，我們必須從這個夢中醒過來……覺醒就是要全然地在這裡。」

倘若你隨時保持高度的覺知與清醒，你第一次聽到「新型冠狀病毒」的反應可能就是：「它是什麼？它怎麼形成的？它的特性是什麼？它與之前的 SARS 有什麼不同？它是怎麼傳播的？它怎麼進入人體？之後它會在人體裡起怎樣的作用？人的免疫系統有可能處理它嗎？它怕什麼？它喜歡什麼？它能待在怎樣的環境多長時間？人能對它免疫嗎？在疫苗研發成功之前，有什麼方法可以克服它？它如果有『疫』識，它究竟想幹麼？人類歷史上發生過幾次重大疫情？它們是怎麼來的？影響的範圍有多大？它是怎麼消失的？我們可以從過去的歷史教訓學會什麼，而從此不再重蹈覆轍？」也就是說，你可以漠不關心、事不關己、明哲保身，也可以帶領自己以病毒研究專家、人類歷史學家、社會學家、國家衛生局最高決策官員，甚至是以病毒的角度來換位思考，這兩種反應之間的差別就在於：你的人生是浮光掠影？還是深度覺知？你平常是以「小我」還是「大我」在思考、面對你的人生？

如果你第一次聽到這新型冠狀病毒的反應是恐懼、怕自己得病、死掉，我們可以再更深究你恐懼的地下室，繼續追問：「如果因疫得病死了，你最怕什麼？」如果你的回答是「我還有很多夢想還

沒完成」，表示平常沒有好好利用生命時間去完成，大部分時間是否都在虛耗，找各式各樣的藉口拖延，但你忘了人最終會死，就如同有句經典名言：「不要活著的時候像死了一樣，死的時候像從來沒活過。」所以你對這考題的反應就在提醒你：好好把握今天，活出你真正想要的狀態，優先完成你的夢想；如果每一天都能活出「就算今天離世，我也沒有遺憾」的狀態，那麼這個**本來對你造成恐懼威脅的病毒，就被你反轉成了強而有力的生命教練。**

我很喜歡薩古魯（Sadhguru）在印度即將封國前，對他的學生們說的一段話：「早知道病毒能成為你們覺知的來源，我老早就該給你們一人一個了，為什麼我還要浪費時間教你覺察？我真不知道病毒可以做到這些。」

你所寫下對「新型冠狀病毒」的第一個反應，就是你浮出冰山一角的生命基本題型，所以請重新審視你所寫的每一條答案，都有一條繩線穿進你的害怕、恐懼、擔憂、抱怨、憤怒、指責、哀傷、沮喪、悲觀、絕望的深井幽谷……，直指你的生命核心，循線你就能找回勇氣、同理心、慈悲、感謝、樂觀、希望、智慧，

就如同在某些被封鎖的社區門口，保全人員拿著額溫槍直對著訪客第三眼（松果體）發射之後，一連串叩問生命的基本問題：「你是誰？你從哪裡來？你要往哪裡去？」你問清楚了自己的核心課題了嗎？

自我覺察的第 2 個指標：
現在你一聽到 Covid-19 或是看到相關新聞時，
你的第一個反應是？

對照 2020 年 1 月你一聽到 Covid-19 的第一反應，現在的你第一反應又是什麼呢？此刻從你腦海中跑出來的第一個感覺、念頭、畫面，或是字詞為何？對照霍金斯意識能量指數的哪一個？跟你第 1 指標寫的有沒有差別？這就是自我觀察的第 2 個指標。

以我現在寫的時間點：2020 年 4 月 11 日為例，如果有人選出這一天最關鍵的新聞是：全球染疫破 160 萬，全球 2/3 人口遭禁足。紐約日增 799 死。華爾街大咖中鏢，摩根史坦利 CEO 染疫。中東沙烏地阿拉伯王室家族據傳有 150 名王族確診……在密密麻麻的新

聞中，如果這幾則標題直接跳進你的眼簾中，可以把這幾則新聞截圖下來，問自己：「我的第一感覺是什麼？」然後再往內探索為何對這幾則新聞有感覺。

我舉 2020 年 6 月 21 日於台北舉行的新書發表會上讀者的提問：「我最關注的新聞是：美國黑人佛洛依德被白人員警壓頸致死，之後引發一連串不可控的衝突，讓我很害怕自己的安危……請問這代表我有什麼生命課題要面對嗎？」我當場就問她一句：「妳害怕衝突嗎？」她說是的，我再繼續問她：「當妳生活中面臨到衝突時，妳會怎麼做？」她說躲起來、沉默不發言。我再問：「妳生活中是否經常因為害怕衝突，所以選擇不講出自己心中想說的，不講出可能會引起衝突的意見？以至於無法自由地表達自己？」她說是的，我說：「這就是妳要面對的生命課題。」

我示範剖析過程如下，大家也可以依此方法幫自己找出「被這些新聞吸引的內在對應磁鐵」是什麼。也就是說，你的內在一定有相應的頻率，在此之前你的生命曾被這些頻率卡住了，形成諸多路障而你從不自覺，這些內在的卡點就是「人類木馬程式」，一旦把這些破除，就能幫自己前方預埋的人生地雷一併拆除，幫你的未來除障。

所列之新聞剖析如下：

	新聞標題	能量意識	深度剖析自己內在深藏的木馬程式
1	全球染疫破 160 萬，全球 2/3 人口遭禁足	焦慮	不知道何時才能夠跟朋友一起去環球旅行。 ↓ 不旅行，覺得自己不自由，待在家裡久了感到生命很無聊。 ↓ 無法安靜獨處、無法面對自己、怕孤獨，於是以旅行來逃避，很明顯看到有不安於室的「焦慮」、「焦躁」能量意識深藏在裡面。 ↓ 在家閉關，靜坐冥想，探索自己為何見不到朋友、無法旅行會感到焦慮？為何不能享受難得跟自己在一起的時間？自己是怕要面對什麼嗎？無所事事會覺得自己不夠好嗎？那麼內在也已深藏了「覺得自己不夠好、想讓自己做很多事、讓自己看起來比較優秀」的木馬程式。 ↓ 讓自己開始靜坐、冥想、做瑜伽，看心靈成長相關的書，也可以想像自己在深山洞穴裡獨修，給自己了悟生命課題的寶貴時間，讓自己能做到「入世」、「出世」動靜平衡的大自在狀態，也等於幫自己減少未來因壓力而產生的各種身心疾病。 此外，朋友之間不一定要透過聚會才能聯繫感情，透過視訊一樣可以互相關心

	新聞標題	能量意識	深度剖析自己內在深藏的木馬程式
2	紐約日增799死	恐懼	怕自己也會死，怕夢想來不及完成。 ↓ 把自己想完成的夢想，排在最優先的行動順位。
3	華爾街大咖中鏢，摩根史坦利 CEO 染疫。 中東沙烏地阿拉伯王室家族據傳有150名王族確診。	好奇	想知道有錢有名的人生病，與默默無名者生病有沒有差別。 ↓ 發現自己拚命賺錢，只是為了讓自己以後生病時能得到比較好的照顧，這已內藏了「會生病」的潛意識設定──為了賺錢而犧牲健康，最後所賺的錢都給了名醫與 VIP 病房，等於是拿自己的青春時間為醫生與醫院賺錢，這是很本末倒置的。為何不現在就好好顧好健康，以後連醫藥費都不必付？

如果每一天都能根據自己看到新聞的反應，做這樣深度的自問自答：有哪些人事物影響了你？哪些部分是你不想要把負向情緒或頻率繼續帶到接下來的生命？檢查一下頻率方向是對的嗎？……就相當於你把負向情緒轉成找到自己木馬的路標，一旦你破解了，你就有輕裝飆向未來的動力，不再被自己的設定困住——你若想要在未來生命到達豐盛、幸福、和平、快樂的目的地，你就要確定現在是以你的意志決定力，將你的能量持續聚焦並錨定在豐盛、幸福、和平、快樂的願景頻率上，久而久之自己本來要花幾十年修練的生命功課，本來要付出極大健康或金錢代價的未來預設，就能夠藉著這次疫考提前打通過關。

自我覺察的第 3 個指標：
疫情當前，你到底在害怕什麼？

請先給自己 5 秒鐘的時間，寫出上述這一則問題的答案。

寫好了嗎？你看到了你最深層的害怕了嗎？我在《人類木馬程式》裡提到：「這個害怕、恐懼模組其實躲在你潛意識、無意識很久

了，但你平常很少有機會去挖掘它、面對它。」舉例來說，如果你怕得病之後會被隔離，你就再問自己：「假若被隔離，你怕的是失去做自己想做的事的時間？怕自己從此沒有工作？怕從此沒有親友敢靠近？還是你怕會傳染給家人？……」這些反思才是你更深層恐懼模組的顯現。

我一開始也跟大家一樣會恐慌焦慮，我就深度問自己：我到底在害怕什麼？這個問題就是自我觀察的第三個指標。舉例來說：如果你是怕因染疫生病在醫院，失去做自己想做的事的時間，代表你有可能之前並沒有好好把握時間做你想做的事；但請自問一下，在疫情假多出來的時間，你有好好利用來完成你的夢想嗎？你怎麼度過這段疫情時間，也代表你將會怎麼過一生。如果你拿這些「覺得無聊」的時間追劇終老，或是沉浸在電玩世界之中，那你只是把完成不了夢想的藉口栽贓給「時間」，當大把時間還給你，而你還在繼續拖延，就可以知道你是怎麼看待你的生命。

如果你害怕失去健康、害怕失去生命，那請反思一下，平常有注意健康、注意飲食、養成運動習慣、定期體檢嗎？如果你還有

健康議題，是否能從現在開始注意養生、注意食物的來源乾淨無毒，並提升自己的免疫力呢？

如果你是怕自己從此沒有工作，代表你有可能還沒把自己真正的天賦才華發掘並發揮出來，或是你所從事的工作尚未因應變局風險做好轉型準備。你可以觀察疫情前後各行各業的消長，來做為自己未來調整工作型態，或是創造多元興趣副業的參考。

如果你是怕傳染給家人，或是怕這場疫情造成自己與家人的威脅，那麼你潛意識可能藏有害怕失去健康、害怕與家人分離、害怕死亡的焦慮模組，你需要檢查一下，自己會不會因為害怕失去他們而有過多的焦慮、擔憂、控制，而造成你跟家人的關係緊張呢？此外也要自省一下，過去是否常與家人保持情感上的連繫，無論是團聚，或是用 Line、微信、簡訊、電話隨時關心家人？還是平常不怎麼連絡，見面時心不在焉地看手機，人在心不在的狀態？那麼你就要特別珍惜與家人的情感時光。

如果你是怕被傳染，「有被害妄想症」地懷疑身邊有誰可能會傳染

給你，其實要注意的是自己是否有不輕易信任身邊親密的人、陌生人，甚至不信任自己的潛在模組，這與我們要做好防護措施沒有衝突，就像是過馬路要留意兩邊車輛，你可以「覺察且小心」地過馬路，也可以「恐慌害怕」地過馬路。情緒就是我們要自我覺察的部分，這次疫情就是最好可以全方位審視自己的機會，特別是這次的 Covid-19 主攻呼吸道，而呼吸又與「信任」有關，你不會因為不信任空氣而不呼吸吧——當「信任」的課題跑出來時，就要自問在過去是否有發生過什麼事或是創傷，讓你不自覺地不信任身邊的人、家人、伴侶、兄弟姐妹、親戚、朋友、工作夥伴……，甚至連自己都不信任、不自信呢？打開你內在恐懼的封印，以勇氣的解「鑰」往潛意識破解，就能層層找到弱化自己的最初設定，也就能拿回自己無畏無懼的原力。

孤獨不是外在現象，而是一種內在指標，離自己越遠就越孤獨——如果你是怕親友從此不敢靠近你，代表你內在深層可能有害怕孤獨的課題，你就要問自己，如果瞬間沒有親友，你對自己的價值與看法會有所不同嗎？光是嚴禁群聚就讓許多人非常難受，緊繃久了自然就會鬆懈，而這個「鬆懈」就是防疫的缺口；

我們看到有些地方封鎖久了，有人耐不住就跑出來找伴吃吃喝喝，這一方面反應了「無法自處、無法獨處」的問題，另一方面也造成了疫情傳播更廣的可能性。所以薩古魯說的很好：「我們應該要知道如何自處，知道如何存在。如果你知道如何存在，那麼社交僅僅是出於你的選擇，如果沒有必要，你可以自己獨處。這是一個很棒的時期，不必做任何事，你就會感到巨大的滿足，而且同時也對全人類做出偉大的貢獻。」

倘若你明白，今天就算不是疫情，你一定也還有其他能勾出深層恐懼的事時，看你是要選擇面對還是逃避 —— 越抗拒你害怕的事，它就越強大，你無懼面對它，它才消失。如果這場影響全球的病毒疫情，是一場人類集體考試，請問病毒的頻率是恐懼還是愛？如果我們恐懼，免疫功能是上升還是下降？細胞生物學家布魯斯・立普頓（Bruce Lipton）教授在《信念的力量》（*Biology of Belief*）的演講中提到：「恐懼、戰鬥、焦慮」會讓免疫功能下降，恐懼只會創造更多恐懼，恐懼無法到達愛的結果。當你不害怕會失去什麼，你就沒有什麼好失去的。「愛」在疫情蔓延時，或是「懼」在疫情蔓延時，就看我們所有人的選擇。

自我覺察的第 4 個指標：
我是以什麼方式來了解疫情？

七度獲聯合國邀請演講的李・卡羅（Lee Carroll）在《新人類》（*The New Human: The Evolution of Humanity*）一書中提到：「你不會知道你並不知道的事，你的思考無法超越自己現有的知識，所以無法得到自己從未經驗過的更高知識。對於即將來臨的事物或想法會如何改變，人們大多一無所知，例如不會知道每件事可能出現的變化。」

當疫情來臨時，大部分的人都是用手機搜尋網路新聞，或是看臉書、Line、IG、YT、微博微信朋友圈來找最新疫情，以及有哪些醫療方法、有哪些偏方等等，這也突顯了平常我們的公共衛生常識、醫學知識可以再加強。

我本來一開始也是從手機網路上去尋求更多資訊，但我發現大部分都是二手、三手資料，而且很多資料還彼此矛盾，所以我開始去深度研究「病毒、傳染病」的相關影片，除了關於 SARS、西班

牙流感、黑死病的相關紀錄片，以及與疫情有關的電影《全境擴散》、《盲流感》、《流感》之外，我還看國家地理頻道的《伊波拉浩劫》等科普節目，翻閱相關的書籍《下一場人類大瘟疫》、《免疫解碼》、《瘟疫與人》、《致命大瘟疫》、《瘟疫的故事》、《新型冠狀病毒 COVID-19 防護知識 200 問》、《國家地理雜誌：50 年後世界更美好？還是世界會更糟？》……，我把自己當成是醫學研究員而不是一般觀眾的角度在看。當我越了解病毒的成因，在人體運作的過程與傳染的途徑，特別是因為這個病毒，讓所有人隨時多洗手、徹底淨身淨屋，當下隨時保持高度覺知，來維持個人與環境的衛生時，我反而越來越不害怕，所謂知己知彼百戰百勝，也減低自己因為未知、無知 Covid-19 真相真貌的恐慌。

請先將自己照顧好，成為有智慧、冷靜的覺察者，把自己的醫療知識水平上升到「半個醫護師」那樣可以把身邊的家人親友照顧好，讓專業醫護人員有餘力去協助更需要幫助的人，這就是功德一件了。

自我覺察的第 5 個指標：
相較於疫情的最初，你是越來越害怕？
還是越來越不怕？

烏干達國家衛生研究組織總幹事山姆·奧克瓦（Sam Okware）說：
「害怕、恐慌是最難控制的流行病⋯⋯被感染者康復出院後，旁邊
的人同樣對他們敬而遠之，他們的房子被燒掉⋯⋯」

我們要隨時覺察自己深層的頻率究竟在哪？相較於疫情大爆發初
期，現在的你是更安心？還是更恐慌？這是我們要自我觀察的第
五個指標：你到底是怎麼判別、選取、消化、傳播、反應疫情的
相關資訊？如果幾個月下來你是越來越恐慌焦慮，甚至開始做很
多惡夢，這反應了很多事：可能你的資訊視角不夠廣大、不夠專
業深入，平常也沒有演練過「變動、變局」，再加上你內在面對變
化的反應機制是「恐慌、焦慮」，所以這段時間你就會以這個頻率
模組來搜尋相應資訊——請檢視一下自己在疫情期間，是否一直
在盯著疫情新聞的染疫人口數字，或對悲劇故事窮追不捨，彷彿
上癮似地一直搜尋、觀看、關注、轉傳令你「恐慌、焦慮」的負

面疫情新聞？

法國社會心理學家古斯塔夫‧勒龐（Gustave Le Bon）在 1895 年
首次出版的《烏合之眾》（*The Crowd*）中提出一個概念：「群體
的無意識行為會取代個體的有意識行為。」而這種無意識行為的
根底不是依據理性，而是依據情感；行為特徵是盲目服從、極端
偏執、狂熱傳播。以這個概念來推想，現代人因為可身處匿名的
網路世界，不必多去考慮具名可能帶來的後果，行為因此更加肆
無忌憚。無意識行為的人逐漸聚集起來，會衍生出一股可怕的力
量。盲目且缺乏獨立思考的「烏合之眾」就是這樣將自己的無意
識行為傳染給另一群人。

恐懼的震動頻率顯化事物的速度很快，有的人一看到恐懼的訊
息，連查證都沒查證就忙著轉發，表示他內在是恐慌的，會吸
引、放大、創造更多恐懼，這就是為何網路謠言在疫情期間透過
「烏合之眾」散布最快最廣的原因。比較極端的例子是，有的國家
軍隊在執行禁足令時，反而因衝突而殺的人命數超過染病而亡的
人，這就是恐懼引發更多恐懼、讓人做出更瘋狂的事的實例。

外在局勢無法掌握，但自己的情緒可以透過覺察來確認，第一反應究竟是純粹出自於自己的反應？還是隨著新聞亢奮起舞的反應？江江老師在〈是末日災難還是重生禮物？Covid-19 給我們的啟示〉中提到：「想想看有一個房間，裡面有很多灰塵跟保麗龍球，如果電風扇開最大風速又左右搖擺，灰塵和保麗龍球就會飛來飛去，黏得到處都是；若關掉電風扇，塵埃會慢慢落下歸於平靜，風就是人類的恐慌。在這個房間裡，如果有人因為害怕沾到保麗龍球，拿著吹風機到處狂吹，會加劇灰塵亂飛亂傳播，如果你也拿吹風機吹回去，大家互吹互攻擊，那這場混亂就不會停止。亂世中的平靜，需要人們把專注力收回自己心裡，一起把電風扇、吹風機關掉收起來，如同把恐慌給關掉，大家在自己的空間裡保持穩定而不慌亂四處走，疫情就會很快停止散播。瘟疫是一種自然存在的能量，並沒有好壞，不要憎惡或視如寇讎，了解它存在的意義，知道它的產生是來提醒我們什麼，便能安然度過。如果越多人想到這個病毒時，想的是它所造成的諸多病痛危害，等於把關注力集中在負面上，病毒就會變得強大；如果人類專注在身體的健康穩定，病毒就會變弱，最終無法附著在宿主上；因此，人類意識關注在哪裡，會左右病毒的影響力。人很容易被

戲劇性情節吸引，請保持內心平靜，面對漫天飛舞的各種消息言論，不管是悲傷的、憤慨的，不要被藉機炒作的言論帶動情緒，記得關掉你的恐慌電風扇，保持穩定。行有餘力，幫助他人保持平穩，當你散發愛與穩定的頻率，就能協助周圍的人平穩下來，當越來越多人能調整到這樣的頻率時，病毒的任務就結束，它們會自然消失。」這也就是為何薩古魯在疫情正如火如荼的期間提醒大家：「如果想要讓要讓疾病、病毒、或是流感遠離我們，最好的方法就是不要熱切地談論它們，它們就會自行消散。」

我在兩次公益直播提出的**「智者不慌．愛者無懼」**，就是希望大家以有智慧的覺察，取代無知的恐慌。我們現在就可以自我審視：我是冷靜的智者？還是恐慌的盲從者？這段時間要特別覺察自己的一思一言一行，循「疫」去深度清理負面頻率的投影源，不要轉發讓自己感到恐慌焦慮的文章給別人；**恐慌焦慮不會因為大家分擔就會變得更少，而是會複製傳染更多恐慌恐懼給更多的人；心安、溫暖、信心、關愛也同理可證。**所以你可以當下決定放掉所有內在情緒的負面影響，讓所有的不安、焦躁、憤怒、仇恨、暴力、絕望、沮喪……全部離開，只有愛才是融化恨的唯一方

法。如果大家都學會互助互愛，恐懼的集體考題會自然消失，因為愛是這個世界唯一的真相。

自我覺察的第 6 個指標：
當你沒有口罩、消毒用品時，
你的第一反應與行動是什麼？是想給？還是想搶？
想戰？還是想逃？

舉「口罩」的例子來說吧，當你一看到新聞說接下來出門規定要帶口罩，而你家裡剛好沒剩幾個，你的第一個反應與行動是：

1. 明天一大早到藥局排隊。
2. 找關係（例如去找誰在口罩工廠上班），想辦法買到口罩。
3. 自己縫製、手作口罩套給自己與家人使用，多的也可以給或是賣給別人；或是自家工廠改裝成口罩製造機，幫助更多人解決口罩荒。

你的第一反應是哪一種，也代表你是主動創造者還是被動消費

者。之前我看過一則新聞，有一個地方旱災缺水，村裡的人都得走很遠的路到別村取水，或是得高價買水，但有一位想根本解決問題的村民，就去尋找村裡的地下水源並挖井成功，不僅解決自己與全村人用水問題，也足以供應其他村民前來取水。這次疫情我們看到許多人在沒有口罩的情況下發揮各式各樣的創意，有人用可治支氣管炎的黃槿葉來做綠葉口罩，有的人用布縫，有人非常黑色幽默地用衛生棉，還有不少企業將工廠轉型成口罩生產者；當口罩不足，大家也開始想辦法用電鍋、曬太陽等創意方法來「復活」口罩，瞬間改變了許多人平常「用錢不用腦、花錢了事」的思維習慣。一旦連錢都買不到，就會逼著大家用現有資源，想辦法創意動腦動手去解決問題。有些小學老師開始教孩子怎麼做「次氯酸水製造機」，這就是很棒的創新教育，讓孩子有能力解決各種問題。

一遇到問題時，如果你第一反應是「用錢買」，你可以自我升級成「創造者思維」：我如何以現有的資源來解決眼前的問題？如果你也同時想到「我買不到口罩，應該很多人也買不到」，然後你以自己的專業（不一定要是錢）、專長、創意，幫自己與大家一起來解

決這個問題，協助整個疫情早日度過時，你的考核基本上就通過一半了。

另一半的考核是：大家如何深切檢討這次疫情每一個關鍵時刻，該做怎樣的修正，以防之後不再發生這麼大規模的傳染疫考？因為沒有人能獨善其身，這場疫情是集體考試，大我思維才能聯合分離的小我，就像唐鳳以他聰明的科技專業解決口罩分配的問題，只有大家一起過關，大家一起好，我們才能真正的好。如果每個人都是以大我層級來利益眾生，那麼全球的考驗很快就能大事化小，小事化無——以問題「解決者」，取代「問題抱怨者、問題製造者」，這就是我們集體過關升維的方向與指標。

當人們有了生存的恐懼，隨便一則新聞都會造成集體歇斯底里的恐慌性搶購，從口罩、酒精、衛生紙、泡麵……，都是如此。這個時候要問自己：你真的需要急著搶購這些嗎？有人家裡明明還有很多盒口罩，但每經過藥局就又習慣性地排買，如果恐慌人的比例占大多數，那麼資源再多也永遠不夠填飽這個欲求不滿的坑洞。所以我們要從另一個面向來深度省思：當資源不足，第一反

應是想搶還是想給？當有人急需幫忙時，第一反應是想幫他一起解決問題（想戰）還是想逃？

疫情大爆發時，面對口罩的稀缺，在各地都能看到大家的反應截然不同。有的人發起「我OK你先領」（口罩）活動，有的人拚命囤積甚至哄抬價格，有的人咳嗽沒戴口罩被罵、被毆打，甚至被趕下公車，有的人會隨時多帶幾個口罩幫這些人戴上……。這次疫情期間，大家的第一個反應與念頭，就是答題的頻率：我與家人如何不得病？我要如何搶到防疫物資？自己能幫什麼忙？要是我或家人活不了，你們都別想活……。我們可以看到「有人自私，有人無私」，小到人與人之間、大到國與國之間，**人性是題型，答案是愛**。當我們看到因搶奪資源而發生衝突的新聞時，可以隨時拿來問自己：如果是我，我會怎麼做？如何以愛與慈悲取代暴力，讓大家的問題獲得解決？我是否因恐慌而囤積過量？是否因稀缺所以哄抬物價？我是否能募集資源給到最需要者？我是否有足夠的智慧、愛、善意、穩定周圍更多的人？

有些人一陷入生存的焦慮與恐慌時，會開始無意識、無節制地暴

食過量，就越來越不健康地肥胖，然後對自己的身材體重產生更焦慮的循環。所以請回想一下，在這段疫情時間，你曾動過哪些念頭、想法、情緒、行動，一個不漏地寫下來，看一下自己內在還藏有哪些負面投影模組，當天記錄、當天反思、當天清理。

甘地說：「地球上提供給我們的物質財富，足以滿足每個人的需求，但不足以滿足每個人的貪欲。」前陣子網路上流傳日本某家雜貨店的口罩都被搶空了，工作人員在空空如也的貨架上貼了一張紙條，引用日本詩人相田光男的名句：「沒有不停的雨，天一定會放晴。互相爭就不足，互相分就有餘。」這就是大家一起通關，一起共好的思維。

自我覺察的第 7 個指標：
疫情來到，如果面臨收入減縮，
你的哪些消費就不再必要？

每個人的狀況不同，如果你在疫情期間收入不減反增，可以分析一下是否因為你的工作行業與醫療、療癒相關？你要思考的是：

將來不在疫情期間，你的工作收入是否會有變化與影響？

當疫情造成許多企業開始裁員、放無薪假，甚至是停工或是宣布破產；全球失業人口瞬間暴增到數千萬人，許多國家的經濟成長率不僅下修，有的還出現大幅度的負成長。所以這場疫考我們可以檢核的是：如果面臨失業，或是收入突然減縮，請看一下在疫情前整整一年的購物清單、花費開銷明細，特別看一下在 2019 年購物節、百貨特賣時買的，或是放在購物車待買的東西……，以前的哪些消費，現在回想起來其實是沒必要的？

你現在可以列出：如果財務緊縮時，你會優先砍掉哪些開銷？這些其實就是現在被疫情大受影響的行業，例如旅行、度假、SPA、上餐館、衣服、化妝品、鞋、包、名錶、車、房……等等，這些清單列出來之後，在每一項後面列出自己當初為何衝動購買的心理原因，比方：每次有新款鞋、新款手機一上市就衝動購買，拿到之後第一個反應就是拍照放朋友圈。一遇到疫情無限期延長，收入瞬間沒有時，就會後悔買這麼多鞋、手機、名牌包究竟是要做什麼。

這些「過度消費」清單，請你放在記事本上，建議可以把相關的廣告彈幕關閉，購物直播連結刪除，之後若不小心看到廣告又心動，請一律先放進購物車，不要被限時優惠吸引你再次衝動購買，日後如果你忘了這事，就忘了吧，那表示又是你的一時衝動。我們不能再無覺知地花錢，否則你的生命時間都浪費在拚命賺錢，然後又無覺知地拚命花錢買「炫耀型」商品，來滿足「自我感覺良好、花錢讓別人羨慕我」的鬼循環中。如果你知道自己有金錢木馬、會亂買東西，剛好也可藉這機會幫自己做一次徹底的斷捨離，並為自己建立多層次財務自由結構（第 5 章會詳述），以後就不會再為亂花錢而必須辛苦賺錢。

薩提斯・庫瑪（Satish Kuma）在《地球朝聖者》（*Earth Pligrim*）中提醒要對消費意識深思，假使地球上七十億人都要有車有房，買保險和海外度假，一個地球肯定不夠，還需要三到四個地球才能滿足所有人類的私欲。「質樸是一種積極且智慧永續的品質，需要更少的小我與奢華，需要更多的想像力、創造力與感激，簡單而滋養的新願景是用『更好』取代『更多』。」如果這次大疫考能讓所有人從「無覺知的過度消費與生產」的無限迴圈中醒過來，我們就能集體過關。

自我覺察的第 8 個指標：
這次疫情，你多出了哪些開銷？
如果疫情隔離狀況繼續下去，
你的存款還可以撐多久？

檢視一下這次疫情，你多出了哪些開銷？你可以列出：就算財務緊縮時也無法免去、甚至是多出來的開銷，例如食物（外帶或外送）、醫療防護防疫用品（口罩、消毒水、酒精、滅菌濕紙巾）、泡麵存糧食物……等等，平時就應該幫自家準備好這些應變急用品（但不需要過度囤積），下次就不會慌張地排隊買這個或搶那個了。

除了要幫平時生活準備足夠的緊急備用品與備用金之外，另外也要檢查一下，如果疫情隔離狀況繼續下去，你的存款還可以撐多久？幾天？幾周？幾個月？幾年？或是一輩子都沒問題？盡早抓出金錢木馬程式，補好你的生命地基漏洞，風險變局之下要設安全保底線，夢想動力才能在太平盛世時無上限。

而你所擬的這些「財務緊縮時也無法免去、甚至是多出來的開銷」，也正是不受疫情影響的行業。你可以看一下自己目前的工作是哪一類型？是否需要調整？我們可以從地、水、火、風、人五個面向來全面檢視與調整自己的謀生方式，這部分我留到第 4 章再來詳述。

自我覺察的第 9 個指標：
你是怎麼面對失控的生活與情緒？
你是怎麼面對疫情過度期的苦悶？

外在環境順風順水時，其實看不大出來人的本性本質，只有在逆境風暴期才能看到人的差異。這次 Covid-19 像是電影《分歧者》（Divergent）鏡宮考場，每個人全方位無死角從裡到外揭露自己真正的本性，同時也透過社交媒體、新聞看到全球各種人性大揭密的全覽圖。

面對「疫」圖不軌、疫情詭局多變的狀態下，你是怎麼面對失控的情緒？因為無預期的變動多，所以很容易觸及到你過去的創傷

創痛地雷，在這個時候，要特別注意突來的情緒海嘯會讓你口不擇言，別讓自己與身邊的人被你的情緒滅頂，傷人傷己，日後要修補就很難了。每一次的突來情緒，就是我們拆自己地雷的最好時機，隨時覺察並調整自己的頻率很重要，最好有自己穩定的心靈信仰，但要注意不要因空虛而迷信外在能給你力量，重點在於自己內在是否有穩定的生命地基。

此外，我們在疫情期間看到國與國、人與人的各種紛爭。面對兩方紛爭，你可以不必選邊站，也不必急於判斷誰對誰錯、誰贏誰輸、誰善誰惡，超越二元兩端的偏狹，你可以練習用上天視角來看全局，只要你不捲進敵對與爭端之中，不讓自己置於暴風圈、颱風眼之中，維持穩定與心情平和、保持中道與客觀，當然也包括自己別跟自己鬥爭，別跟自己鬧矛盾，把與人爭執、爭辯、爭論的時間，拿來閉關、自修、冥想、聽音樂、看書、畫畫、寫字、跳舞、運動……，所有的人際問題瞬間少了一半，這也是不生新業力功課的法則：不先預設立場、不帶偏見成見、不情緒化發言、己不欲不施人。沉穩的智慧會帶你趨吉避凶，而不會因失言而造成毀己毀人的風暴。

在「疫」聲載道的時刻，每個人都可以勇於表達自己內心真正的聲音，但請調頻到愛與智慧的頻率才說，這代表你有能力高度覺察自己，也代表你能與變**疫**／**異**的世界和平相處。

至於我們怎麼面對疫情過度期的苦悶？這次全球疫情逼許多人想辦法突破現況，違法突圍的有：扮成樹、龍、超人、外星人……，合法突圍的有：一個在陽台操控無人機的男子，與另一個在露台運動的女孩隔空戀愛，然後再把自己放進大泡泡圈中與她隔著塑膠膜見面……。各國被隔離的人們開始在社交媒體上發揮自我解嘲的黑色幽默：有人把瓜子殼排成藝術品，有人在家用水桶掃把棉被開始排戲，有人在陽台上隔空開起了社區音樂會、玩起了隔窗乒乓球賽、泡泡人足球賽，有人在家裡從客廳「旅遊」到臥房，有人把行李放在跑步機上面重溫行李被機場輸送帶送出來的感覺，有人把知名曲改編成防疫歌，有人拍起了搞笑的疫情短片，有人邀朋友視訊一起幫自己慶生還用吹風機吹熄蠟燭，有學校以成列機器人頭部視訊畫面來舉行畢業典禮，還有體育主播在自家院裡直播兩隻狗追跑的實況……這正是在極有限的環境下發揮最無限的創意。對照著有人情緒不佳與家人警察保全鄰居路

人吵架打架甚至鬧出社會事件——**你是怎麼面對失控的生活？你是怎麼面對疫情過度期的苦悶？**這就是你靈魂是否真正自由與彈性的指標。

韓國導演金基德電影《空屋情人》，講述一個被困在極小空間裡的人，如何活出他最大想像力的自由；《刺激 1995》（The Shawshank Redemption）電影中，銀行家在禁閉的房間裡，以腦海裡的音樂讓他的心靈享受自由——自由不是外在身體的移動範圍，而是心靈的。過去與我一起出國的好朋友們，一開始覺得不能去旅行很苦悶，後來也慢慢找到了心靈自由的方法。我自己在平常的生活中，本來就會安排極動與極靜交替的雙重節奏，有時三周都在國外旅行，有時半個月都在閉關，我讓自己平常就練習：無論身體是在外驛馬星動，或是在不到三坪的全黑房間裡待上十天都沒問題；我在極受限的空間中更能專注在心靈上，反而會有更豐沛的創作靈感，所以我能在疫情期間以不急不徐、優雅緩慢的步調，把現狀過到最享受舒服的修行創造模式。

你是怎麼度過這段疫情假呢？你都把時間拿來做什麼？這次疫情

有許多導演、音樂家、藝術家紛紛在家在線發表感想、音樂會、線上展覽會……，藝術是我們的慰藉也是力量，這些帶著深刻反思而完成的作品，有的是獻給醫護人員，有的是給被隔離就醫的患者們加油打氣，這就是以積極的創造取代消極的沮喪。

自我覺察的第 10 個指標：
大疫考對於我們造成哪些破壞與崩解？
目的是要清理什麼？轉變什麼？重組什麼？

除了剛才在「自我觀察的第 7 個指標：哪些消費不再必要？」提到的部分之外，這次人類大疫考對我們造成了哪些面向的崩毀，目的是要清理什麼？轉變什麼？重組什麼呢？

在變動之年開啟時，要特別注意伴侶、朋友、合夥……，這些舊關係崩解，在重新洗牌之後、新的關係還沒建立好的過程中，會引來較大的情緒起伏，為的是要考驗我們是否願意放手讓對方有更大做自己的自由，考驗我們是否能做到無條件的愛，考驗我們關於「失去」與「珍惜」的課題。藉著這一波波如海嘯般的沖

刷，讓我們「疫／憶」起來思考：**哪些是以前抱怨的，但現在很想念？**例如：以前抱怨工作很累，現在懷念有工作真好；以前抱怨出差很累，現在想念搭飛機到國外的美好；以前抱怨上學很煩，現在想念跟同學打打鬧鬧的日子；以前抱怨爸媽嘮叨，現在被隔離後才想念有家人關心的幸福；以前抱怨外面太陽太大、太熱，現在能在陽光草地上大口呼吸就是很奢侈的幸福……所有的變化，都是反思的最好機會；所有感到不方便的、失去的，都是讓你珍惜以前所擁有的——你的日常，或許就是別人夢寐以求的幸福。當你還在跟家人吵架時，有人的家人正在加護病房與死神拔河，大「疫」滅親的悲劇正在發生……。

麥克‧尼爾（Michael Neill）在《改寫人生的奇蹟公式》（*The Inside-Out Revolution: The Only Thing You Need to Know to Change Your Life Forever*）裡說：「『活在當下』本來就是預設值，我們必須先離開當下，才能回來。等我們不再離開的時刻，就回到最初的原點，就在我們坐著的地方。我們在低潮時保持優雅，得意時心懷感激，我們便能活得精彩，我們會更尊敬生命本質及美好的進展。」所以請每天享受當下，珍惜當下所擁有的，並寫下你的

感恩清單，領悟薩提斯‧庫瑪所說：「有意識地活在生命的每一刻，把每一天變成完全專注於當下、正念覺知的時刻。」無論做什麼，庫瑪提醒我們隨時要有意識，並且冥想，在烹飪時、園藝時、散步時，甚至在睡眠的時候冥想。

「感謝」是最快調頻升維的方法，只要拉回到「當下感謝」，我們就不會抱怨，那麼這場大疫考就不是破壞者，而是我們舊生活意識的清理者、轉變者，同時也是我們新生活意識的建立者。

自我覺察的第 11 個指標：
疫情之下，生死無常，
什麼事物你以前很在乎的，現在已不再重要？

無論你是何時看到這本書，你都可以回想一下，什麼事物是你在疫情前很在乎的，在疫情期間或是疫後已經不再重要了？當許多因疫突然過世的人，直接被醫院送往火化場並匆匆下葬，家人連見最後一面、最後告別的機會都沒有；在義大利因疫死亡人數高峰期間，只見神父一人面對全教堂排滿的棺木做最後的慰靈儀

式，家屬不能在場只能在家哀痛……，這些「疫」鳴驚人的畫面，生離死別的眼淚讓我們的心變柔軟，把煙硝四起的競爭戰場，瞬間化成互相取暖的家，喚醒我們要更珍惜家人、身邊的人，把時間重新放回重要的事情上，除了拚了命去愛，哪還有餘力去恨？

當死亡無差別地帶走各國、各階層、各年齡層、各宗教文化幾位重量級指標人物或是一般老百姓，我們就必須重新把生命拉回到重點軸心：你想來地球體驗什麼？你能帶走什麼？又有什麼帶不走？你能為地球留下精彩的生命經驗而不是破壞嗎？

在 2020 年 6 月 28 日，全球因 Covid-19 官方統計確診人數超過一千萬人，死亡人數超過 50 萬人，背後代表了遠遠超過 50 萬個家庭所經歷的恐慌、焦慮、煎熬、絕望、哀痛。這不是死了 50 萬人，而是生離死別發生了 50 萬次 —— 等到你們拿到書時，這數字應該已刷新到更高。希望我們不會因此而麻木，願我們由死向生，學會更警惕與珍惜。

自我覺察的第 12 個指標：
如果現在要與 17 年前面臨 SARS 的我們見面，
我們會提什麼建議？
如果現在要給未來的自己建議，
你會做好哪些交代與準備？

這次 Covid-19 來的突然，考驗的是各國的應變力。《人類大歷史》作者哈拉瑞在網路上發表〈新冠病毒之後的世界〉（Yuval Noah Harari：the world after coronavirus）表示：此次新冠肺炎疫情逼迫各國政府在 24 小時、7 天，或甚至一個月這樣短的時間內宣布行政命令，比如說封城令、上街戴口罩的強制命令等等，而這些在過去可能要花一年或幾年時間不斷公開討論，或讓公民投票才能做出決定。如果全球的人能記起 SARS 慘痛教訓，並做好防範於未然的周全準備，那麼現在的染疫與死亡人數應該不會超過 SARS（全球超過 8,000 人感染，774 例死亡）這麼多，所有的決策應該早已列入應變小組的 SOP。

如果時間倒轉到 2020 年疫情剛發生前的半年，你覺得能做什麼，

可以避免這疫情的發生與擴散呢？我們要從過往慘痛的歷史找到預防未來再犯的教訓，這一次也是一樣。如果現在的我們要跟 17 年前的人們提建議，我們會提什麼建議？例如注意 SARS 源頭宿主菊頭蝠，以及中介傳染的果子狸，做好全球疫情資訊透明、防疫對策與物資迅速互通互助的平台，以及最周全的防疫 SOP 流程等等。如果我們在上次 SARS 疫情爆發過後，深度檢討並在「意／疫」未來傳染病的防範，在意微軟創辦人比爾·蓋茲在五年前 TED 大會演講中的提醒：未來幾十年內可以殺掉上千萬人的武器絕不會是核武或是戰爭，很有可能是具有高度傳染性的病毒和生化武器。病毒殺人的速度比核武還快，而我們人類沒有做好相應的準備。一旦有大型疫情爆發，防疫系統不完善國家的人民會陷入惶恐，政府手足無措，導致戰爭等級的死亡人數出現。如果我們當時就聽取他的呼籲：在貧窮落後國家中建立完善的醫療系統，各國設有能隨時待命的醫療小組，利用軍隊模式快速行動，進行後勤運輸、控制與保護措施，那麼今日就不會重蹈覆轍地如此慘痛。

倘若這次疫情是讓所有人類的未來更好的轉折點，你覺得未來會

是一個怎樣好的狀況？而我們現在可以做什麼，是大家在疫情發生前想都沒想過的事？如果我們要徹底防範下一波疫情大爆發，所有引發或傳播過疫情的動物，如：蝙蝠、蚊、鼠、牛、豬、雞等，我們如何以人道與衛生為考量，防範相關疫情不再發生？有什麼是我們現在就可以做的預防？我們的飲食、生活習慣是否要改變？例如全面檢查食品市場的衛生，並訂定最嚴格的品管要求？當然也包括病毒實驗室的安全、醫院或社區群聚感染的預防……這次人類大疫考就是同在一個地球考場，所有可能引「疫」的源頭都要阻斷，特別重要的是全球要互相信任與合作，而非帶著復仇式的頻率互相指責，導致各國訊息再次不信任不流通，最後大家還是無法一起共好過關。

第 3 章

地球的「疫」圖是什麼？

我們能否集體過關？

這場疫情所引發的死亡、國與國的戰爭，以及後續因貧富不均所造成糧食飢荒與瘋搶，就如同聖經〈啟示錄〉天啟四騎士，騎著白、紅、黑、青灰色的馬，將瘟疫、戰爭與毀滅、飢荒與不公、死亡與苦難帶給人類。但如果人類能一起同心協力面對提醒與考驗，地球就不必再繼續生成考題，因為我們都集體過關了。

究竟由白馬騎士所掀起的地球「疫圖」為何？2020 年是世界地球日 50 周年，而全球到現在還有絕大多數人的生活環境空氣品質低於標準。當新冠病毒無遠弗屆，無數城市發布禁足令，甚至用封城阻止疫情爆發，我們卻在網路上看到世界各地的人分享罕見的寂靜畫面。被按下暫停鍵的地球天空變晴朗了，歐洲太空總署的衛星圖也顯示，世界各大城市的空汙問題大幅改善。地球想要自清的「疫」圖再清楚不過了。如果人類還在想怎麼快速復工，「恢復」原來汙染式的經濟生活，空氣品質恐怕又會回到疫情前，那這場大疫考就會沒完沒了。

當 Covid-19 疫情一開始，絕大部分的人還是用舊思維，以為只是一種呼吸道的病毒傳染病，焦點都在如何遏止傳染，如何研發疫

苗，很少人去想 Covid-19 最源頭的起因是什麼？根據英國《獨立報》（The Independent）報導，國家地理學會（National Geographic Society）成員、海洋生態學家安立克・薩拉（Enric Sala）博士表示：「我絕對確信，如果我們繼續破壞環境、毀林、捕捉野生動物當寵物、食物和藥物，那麼將來還會有更多這樣的疾病。」

三度獲得美國國家雜誌獎的大衛・達曼（David Quammen）在《下一場人類大瘟疫：跨物種傳染病侵襲人類的致命接觸》（Spillover: Animal Infections and the Next Human Pandemic）對人類造成的生態壓力和破壞提出警示，「當我們包圍野生動物，把牠們逼到牆角、消滅牠們、並吃掉牠們時，我們染上了牠們的疾病。人類踏進了病原的地盤，創造了絕佳條件讓自己成為新的宿主，也替神祕病原製造了全新的生態機會。」爆發出乎預期之外的疫情，意味著人類的所作所為累積了惡果，不僅造成生態上的危機，也造成了醫療危機。Covid-19 出現多種變異就像是變化球，給人類疲於奔命的各種考題。

在過去我們應付大學聯考時，如果我們準備的時間不夠，老師會

要我們直接看「考古題」，從答案去歸納出題庫的重點。如果把 Covid-19 視為是一場大考，我們從地球的角度來看，有哪些「好」事因此發生？這就是考試的目的。或者我們可以用歷史學家威廉・麥克尼爾（William H.McNeill）的觀點：「如果你從飢餓病毒的視角來看，人類以數十億具的軀體為病毒提供壯闊的攝食地。」薩古魯也說：「正因為人能快速移動，所以才賦予病毒有強大的傳播力，人才是最大的傳播源。」

我們可以用一個「超想像力」的角度來思考，如果 Covid-19 是地球要淨化自己、蛻變人類的特使，你能推測出它明顯的「疫圖」與路徑嗎？它激化了什麼？又掀起了哪些茶壺裡的風暴？

以想像力賦予 Covid-19 的最高「疫」識協助我們將悲劇化為啟示

江江老師應我之邀，請她就 Covid-19 為議題，來給我們較高維度

且極具想像力的靈性觀點：「Covid-19 是末日災難還是重生禮物？若人類願放下三次元的觀念，以更高維度的智慧創意來看歷史上所有駭人的瘟疫，如：黑死病、天花、SARS、伊波拉等等，是由蓋亞（地球母親）自救而來的，運作原理可以想成是在蓋亞時空格柵上有一個個『膠囊』，若人類活動產生過多低頻率、累積過多負面陳腐能量，就會觸發『膠囊』釋放瘟疫，進行地球上的能量清理。病毒的存在並沒有違反地球朝向『慈心頻率』校正的準則，所以蓋亞允許它們存在，沒有要徹底消滅它，若人類持續低頻率累積，這個循環便不會停止。科技再怎麼進步，永遠會有更厲害的病毒或瘟疫肆虐，不管瘟疫最初是藉由人還是動物散播，真正觸發的原因永遠是人類意識的頻率，例如黑死病普遍認為是老鼠造成的，更深的理由是：透過黑死病的襲捲、清理之後，反而促使了創造力爆發、百花齊放的文藝復興。

「人和地球緊密關聯，新冠病毒 Covid-19 主要攻擊人的呼吸系統，亦代表著地球的肺和呼吸（森林植被減少、空氣汙染）出現問題。另一個較隱微的症狀是排寒，和體內毒素過多，人類飲用過多冰涼飲品，過度依賴冷氣，以及吃下過多調味料有關，因為違

反了生物體的天然本性，所以人類會出現流鼻水、咳嗽、發燒、發炎的症狀來排寒和排出毒素，一如地球會出現森林大火、天災、蟲災、地震、火山爆發等。病毒不會完全消失，並且還會有變種出現，因為病毒的出現是衝著人類意識層面的問題而來，有針對性地為某些人而來，它不只是醫學問題，所有自古至今的瘟疫病毒皆是為了人類存在，是上天給的震撼教育，也是一個集體清理的過程，代表沉積許久的舊模式需要被翻轉，陳腐的觀念有機會重整清理，促使當地人民正視某些議題，尤其是工作型態會大幅改變，例如：蜂巢式密集的辦公型態被挑戰，下班後因為組織壓力的惱人應酬會改變，年輕人終於有機會用新的方式出頭展現才華，世代階級會被改變。

「面對未知的恐懼是亙古存在的課題，它們有時會以瘟疫來呈現。病毒是一面鏡子，協助人們看到不曾注意的死角，還有不願意面對的黑暗面，包括人與人之間的不信任、敵對、潛在的矛盾，以及人與世界之間的關係。口罩隔絕著人們的臉部，社交需保持適當距離，一切都要人們回歸心的交流，遮蓋掉表象虛假，感受深層的真實。

「病毒是地球給人類的一個回應，無論是對群體或對個人，如果人類不能了解死亡、疾病的意義，對肉體過於執著與貪愛，因為慾望而產生恐懼，它將針對不同的人、不同的年齡、不同的文化、國家，進行一代代變種，[4] 並不是生產疫苗就能解決病毒，它會不停地變化，直到我們願意面對它帶來的功課。

「疫苗研發速度跟不上病毒變異速度，直到人類頻率由『恐懼』改變到『愛與慈心』為止。Covid-19 逼我們每個人正視身體健康的重要性。病毒因應人的課題而突然出現，等到人們有足夠覺知，它又會突然消失，等到下一次能量再次需要大清理時，瘟疫會化為變種再次出現。對於死亡的不了解與恐懼是壯大此病毒的主因，病毒像是一團有意識的黑色沙塵暴，如同打不到、摸不著的敵人，不曉得從何而來進入身體，使你進入全面的癱瘓。

「如果吃藥的意念是殺死病毒，這是二元對立的想法，焦點仍是放

---

4. 根據《雷克雅維克祕聞》報導，冰島 deCODE 基因公司對該國 600 名確診病患進行基因檢測，發現 40 種新冠病毒突變。一篇刊載於《美國國家科學院院刊》的論文指出，新冠病毒根據不同人群的免疫能力，已經發展出 A、B、C 等 3 種亞型。

在病毒上，藥所能帶來的作用比較少。如果吃藥的意念是祝福自己早日康復、感謝藥物、感謝病毒提醒我要更珍惜身體，焦點改放在自己身上，可更加啟動自身免疫與療癒力，作用將更加強大。

「Covid-19不只引爆了某些地方深藏的問題（如：韓國新天地教會、日本是否要舉辦東京奧運會的掙扎……），在意識能量上是一場全面性的翻轉，如同一面照妖鏡，引發對立、資源爭奪，並暴露人性的黑暗面，或是對於某些人產生獵巫式的口誅筆伐，看似正義卻都不是愛的頻率展現。然而，病毒只是一種現象，有人展現了團結與愛的行動，如果病毒沒有激起那麼多波瀾，只是不痛不癢地過去，便不會激起人們深層的檢討。再次提醒病毒是蓋亞的機制，沒有好壞，端看人類如何面對它。

「若有覺察力，不只去看到各種關於口罩、物資、政策等意見主張，也請讓自己真誠的思考：

- 面對這個病毒時，我是恐懼的嗎？我有什麼感受？
- 如果有患者住在我隔壁，我是恐懼的嗎？我會怎麼做？

- 如果我的親友或是我自己染疫確診，我會怎麼做？
- 我要如何以具體行動來恢復穩定平靜？
- 我如何協助他人放下恐懼？我是否願意把資源分享給更需要的人？
- 我如何在上述情況發生時，有什麼行動可以讓我展現團結與慈心？

「不要排斥或害怕病患，他們雖有各自的課題，但都是非常勇敢的靈魂，以他們的身體來提醒所有同胞關於恐懼和生死病痛的課題，如果沒有這些確診病例，全球人類恐怕還沒有機會被震醒。當病人變得有血有肉，就不會視他們為統計數字與惡魔，在內心永遠要感謝已逝者的犧牲，感謝所有參與其中的醫護人員，祝福病患康復，不分你我，視為一體，把關注力放在愛，並非恐懼。

「Covid-19 幾乎襲捲全球，人的意識出現 M 型化的極端差異，有一部分人對靈性揚升產生極大興趣並已經開始追尋，他們相信有一些靈性上的方法可以轉化現有的處境與心境，不管是冥想、靜坐、祈禱、送光、宗教儀式等等，不同信仰的人們有著共好的信

念，這信念會引導人們找到辦法。另一部分人忘記自己的善心與靈性，他們擔憂物質缺乏和生存問題，以為資源是有限的，因而搶購口罩、民生用品，或是每日看著新聞不斷增加的全球死亡數字，站在原地等著被命運的巨輪碾碎或是僥倖逃脫，沒有為自己負起100%的責任，他們忘記人類生來就擁有如神般強大的內在力量，誤認為自己需要被拯救，他們忘了最能對抗病毒的就是每個人自己。

「因為這兩種人迥異的頻率，地球像是被一分為二：想要蛻變重生的人們，會嘗試組成像天堂般的新生活模式，另一半的人內心生活承載無法消融的沉重部分，充滿無可逆轉的汙染，自取滅亡。兩種地球版本像是基因一樣的雙胞胎，一個往高頻率走，另一個承接所有低頻率，處在不同平行時空各自茁壯。群體的低頻率將提早走向滅亡終結，卻能使另一個版本在地球留下更大的可能性，如此設定可以避免整個地球走向無可挽回的地步，避免地球完全毀滅。

「由於靈性探索的蓬勃發展，有些光行者提前感知到此，數十年來

不斷有人試圖提高人類群體意識，此刻終於到了黃金交叉，使人類集體意識偏向願意揚升，像是考試及格得到 61 分，這個美妙的意願讓整體人類有機會可以相互扶持，一起渡過考驗。

「然而，問題還是要解決，長期以來，人類追逐名利錢財權所創造出的低頻率，產生如瀝青般濃厚黏黑的負面能量，使人們困頓其中，衍生出更多不必要的汙染。比如說，因為想要『永遠占有』某一塊土地不與萬物共享，把天然的動植物趕出了土地之外，衍生出了圍牆、鋼筋水泥、建築、土地合約、律師、法院……，將自己變成金錢的奴隸來支付以上種種需求，然後又衍生出了會計師、投資業、銀行……等等，一個慾望接著一個慾望，最後演變成環環相扣的各行各業。看看人類顯化出多麼驚人的創造力啊，如果能用在其他地方，該會是多麼偉大的創造。人們日夜辛勤忙碌，卻破壞了原本是天堂樂園般的地球，是人類親手將地球改裝成現在的模樣，看似繁盛富裕卻損害地球的生活方式，創造出自己找事忙不完的負能量循環，像是倉鼠雖擁有整片草原，但卻自困在旋轉輪中拚命地往前奔跑──大多數人困在自己編織的大網中動彈不得長達一生之久，忘記了自己曾經多有創造力量，忘記

了自己可以有多自由。

「新冠病毒給人類最大的當頭棒喝，不是我們要做什麼，而是我們『不要再做什麼』，什麼都不做，天空反而是藍的，水反而是清的，空氣反而是乾淨的。地球的資源足夠供應所有生物及每個人，但人類的貪婪讓資源永遠不夠，最棒的天然資源被製成傷害人類健康的東西，然後為了這些人造品，把自己逼進一個非常不健康的生活。為什麼嚴重到要封城？是要讓人們回到家去思考，你到底要什麼樣的生活？還要繼續重蹈覆轍嗎？這是一個難得的空檔，請停下來問問自己，我能夠「不要」再做什麼，不要再被人類累積了幾千年的事情給困擾，重新跟地球一起呼吸，回到日出而作、日落而息，跟著大自然的節律過活，天生自然而然地豐盛富足。

「過去有些傳染性的病毒突然消失，跟新藥發明沒有很大的關係，病毒是由人的意識頻率觸發，也會因人的意識頻率調整好而結束。如果當下有個藥出來，大家會以為是這個藥的效果。想要不生病，或是消滅疫情其實非常簡單，免疫的關鍵是人類意識到

這個病毒的真相，只要你們記起來自己真正是誰，來地球要做什麼？為什麼你身而為人？你們會找到來自內在源源不絕的力量，你們會穩穩站在不被新冠病毒影響之處，同時也能協助那些忘了自己是誰的人找回站穩的力量。

「Covid-19 病毒是要來提醒我們：
1. 改變舊觀念。
2. 生命可貴，珍惜身體，保持平衡，要互相珍惜，不要互相對立攻擊。
3. 珍惜當地環境。科技發展時，地球環境也要永續發展，重新選擇可以與地球共存共榮的新生活方式。

「地球從更高的角度給我們的啟示是：留下來的人，和被死亡帶走的人，靈魂同樣偉大，同樣的被宇宙深愛著。選擇留下來的人，擔負著擺脫瀝青般沉重而黑暗的能量，帶領整個星球走向揚升的道路，離去的人則用他們肉身的消逝帶走了地球最沉重的能量，他們直接帶走了最難的課題！為犧牲者的死亡致敬，但不要哀傷，如果打開靈魂規劃的藍圖，會發現死亡是一種非常偉大的選

擇，暫時的肉身雖然不能再使用，別忘了要看見肉身侷限之外更大的部分，關於記憶、情感，那些愛的頻率展現，會永遠留在其他人的心裡。

「愛是人類最好也是最重要的創造物，如果只憑藉身體化為塵土就覺得失去所有，那會忘記看到更重要的其他部分：你活出什麼頻率，比肉身是否存在更為重要。亡者沒有真正離去，所激起的龐大恐懼，使人們願意正視新冠病毒帶來的課題——想想看，如果大家只是感冒，沒有人死亡，人們願意停下運作已久的舊模式嗎？願意深切檢視錯誤、並下定決心找尋與地球共存共榮的新生活方式嗎？工業嚴重汙染區有機會看到藍天嗎？魚會有機會回到威尼斯的水道中，使居民再次憶起與萬物共存之愛的感動嗎？

「這次 Covid-19 跟過往瘟疫的共同關聯是，不會因為出現一種藥或疫苗就消失了，看似殘酷的挑戰，其核心都在促使各區域的人類團結、誠心共同合作、達成美善的共識有關，端賴整體意識頻率而定。當越來越多的人面對病毒時保持內心安定、調整好意識並往慈心發展，多數人展現正向頻率與行為到達一個程度，這個

疫情就會自然消退，這才是這個病毒突然消失的關鍵，掌握此關鍵即可安然度過。過程會有幾個小小的英雄，但不會有一個大英雄，每個人都是自己的英雄。

「往下一個時代邁進是必然的結果，所有人都要回到自然。如果人們遠離了自然，把自己圈養在城市裡，無異於進行著自我毀滅的汙染生活，那不是地球希望的，新冠病毒疫情是讓全球人類在最短的時間內全面覺醒。已經醒來的人們，請務必要發出你最大、最穩定的光，來協助慌亂的人去看清楚課題是什麼？答案只有一個：**回到自然**。

「請調整你的頻率與大地共振在一起，理解自己是整體地球的一部分，那麼你自然就學習到跟病毒共存共榮共生的方式。全球的**醫療體系將全面轉型**，天然療法將重新回歸，人們會重新認識土地、植物、療癒的力量，並看見正面的能量能夠改善免疫系統，重新回歸愛的**互動**。

「不要把頭埋在每天汲汲營營為了生計去賺錢，感受一下無汙染而

變得甜美的空氣、鳥叫、蟲鳴、浪濤、月光，感受地球的脈動，感受萬物傳遞給你的感動，記得這份感動，記得你跟地球是在一起的！讓你的心跳和地球同步，開始去憶起你是誰，記起你跟地球母親深刻的連結。當你能夠感覺到你的一舉一動都活在地球母親的懷抱裡，使用的是地球母親的血肉，你會知道什麼是你應該做的！去唱歌吧！去進行創作吧！用你的雙手、聲音和身體，用你會的一切歌頌蟲鳴、鳥叫、天空和月光，為你自己和地球母親而唱。不要擔憂，你是富足的！不要害怕，你有天地無盡的支持，你非常有力量，並且持續增長，你有力量大到可以去給予他人。不要懷疑，保持心中的溫暖，你就是光，讓所有情緒無罣礙地穿透自己，真實的活出喜悅生命。

「最後請大家要照顧好自己與周邊環境，定期抗菌消毒、保持清潔、多曬太陽、多運動，保持健康，因為身體是你要顯化所有行動的載具，要好好照顧它，並好好練習保持身心平衡。

「再次向亡者致上最大敬意，謝謝他們，我們也務必記起教訓，祝福之後的行動是用慈心和愛展現，以及人類集體意識的提升。願

所有人能理解並穿越恐懼，平衡健康，讓我們為未來的孩子們準備更好的地球環境。」

當我收到江江這段文字，瞬間化解了疫情以來累積的不安與焦慮。這篇宛如神諭、宛如地球母親給孩子的家書，希望你可以常常翻開來聆聽她的叮嚀。

以果推因，地球的 12 大「疫」圖

人類生活在地球上，以為自己是萬物之主，卻忘了「地球」才是主人，沒意識到這個真理，一再自以為是破壞地球生態，視地球為「無意識」的空間，那麼這場疫情的各種難控制，就逼得每一個人去面對「地球」其實是有超越人類的強大力量，我們敬稱她為「蓋亞母親」，如果我們不尊重她，災難就不會中止。這個真理從許多遠古部落流傳到現在，在我們的神話、傳說、故事之中一再被看到「土地不是從我們祖先繼承而來的，而是我們向後代子孫借來的」古訓。我們也看到地球把海洋中的垃圾倒回海岸上還

給人類，這次疫情讓全球的人戴起口罩，讓人類體驗快窒息的狀態，就如地球被人類的空汙、大量砍伐樹木搞到也無法呼吸。

美國網路作家薇薇安・里奇（Vivienne R Reich）寫的〈新冠病毒致人類的信〉（*Coronavirus' Letter To Humanity*），以「病毒」角度表達 Covid-19 的地球「疫」圖，詩中提到：地球過去以各種方式向人類呼請停止繼續傷害環境，但都沒人理會，所以「我讓你們發燒，因為地球在燃燒；我讓你們呼吸困難，因為天空充滿汙染；我奪走了你們的舒適自由，我讓全世界停止，現在空氣和水都變乾淨了……」，這段全文大家可以上臉書搜尋，很有創意而且很警世。

如果 Covid-19 是有「疫」識的，你覺得它到底想幹麼？如果地球有「疫」圖，那會是什麼？目前這份「疫」圖完成了哪些部分，還有哪些仍在繼續生成與進行中？別讓地球不高興——如果這場人類大疫考的目的如此清晰，我們能一起加速完成並集體過關嗎？

疫圖 1：恢復空氣清淨

因為全面停工讓大部分的工廠停擺，人們製造過多產品的物欲被強力中止。各國封鎖邊界、斷航，絕大部分的航班停飛，多國因封城導致大眾交通工具停駛，所以全球大幅降低空氣汙染。我們從全球新聞報導中看到，中國在兩周內碳排放大幅下降 1/4；法國因疫情全國封城，空汙程度改善近三成，氮氧化物排放量更降低超過六成；馬德里、米蘭、羅馬、巴黎的二氧化氮濃度比去年降了一半左右；根據世界衛生組織的資料，印度在 2012 年，估計有 150 萬人因空氣汙染死亡，但這次印度全境封鎖，空氣汙染減少，北邊旁遮普省居民首次可清楚看到 200 公里外的喜馬拉雅山；印度的空氣品質平均提升了 1/3……，隨著各國封城之後而來的好消息，非常明白地顯示地球想要「快速自清」的「疫」圖，再加上伴隨一則非常超現實的新聞：疫情衝擊原油需求導致生產過剩，油價暴跌，美國北達科他州產油商已停止大部分原油生產，並通知一些客戶在油價跌至負值後將不再提供原油，該州原油日產量已減少約 30 萬桶。美國西德州中級原油期貨合約跌到零美元

以下，來到令人瞠目結舌的每桶 -37.63 美元，美國基準油價破天荒跌到負值。1983 年油市期貨數據彙編以來首見負油價，代表產油業者需貼錢給買家。交易商不得不接受負油價，寧可貼錢給買家，也不願收到石油現貨……，讓人類的大疫考，再添一題「能源」的供需、以及能源環保的問題。

此外，這段時間有人在網路上分享一則最讓我感動的故事：一個義大利 93 歲老爺爺在醫院情況好轉之後，被告知要付一天呼吸機費用時哭了，醫護人員跟他說不必為了帳單而哭，他說：我不是為了要付錢而哭，我哭是因為我已經呼吸天地之間的空氣 93 年了從來沒付錢，在醫院使用一天呼吸機卻要 5000 歐元，你知道我欠上天多少錢嗎？我以前並沒有為此感恩。這個故事是我們的警鐘，不要等到失去了才後悔以前沒好好珍惜。另一則令人悲傷的新聞則是，在醫療設備嚴重不足的醫院裡，呼吸器被迫留給年輕人而放棄老人家……現在搶的都是以前不珍惜的，我們都忘了原本乾淨的空氣，是地球源源不絕免費供給我們的，這次疫情讓每個人戴口罩感同身受地球快窒息了，進而開始自省，如同《地球朝聖者》提醒的：「樹木帶給我們水果、樹蔭、木材、芬芳，我們

是否感激過它們？水可以解渴，讓我們的身體煥然一新，灌溉土地，我們可曾感謝過它？地球是仁慈的主人，我們是她誠摯的客人嗎？」

疫情期間雖然無法與他人擁抱，但是冰島森林管理局建議民眾可以每天抱樹五分鐘紓壓；哈羅姆斯塔斯塔國家森林（Hallormsstaður National Forest）的護林員表示：當我們擁抱樹時會感覺到樹的存在，並感到一股暖流從樹傳回來給我們。

如果環境允許，每天可以赤腳在草地上抱樹五分鐘，與大地母親深度連結。肺就是我們的葉，我們的氣管、支氣管，相當於我們在地球上賴以維生的氣根。以吸氣吐氣的方式連結到地球中心，與她一起脈動，一起享受呼吸的美好，就如同樹根與大地之間的關係。平常盡量到大自然有樹的地方森呼吸，雙腳踩在草地上接地氣，想像我們是以地球之肺來呼吸，把光、愛、溫暖、信任與強大，吸入進每個細胞成為恆久的振動頻率，然後將恐懼、害怕吐盡，把不需要在身體裡、心裡、情緒裡、生活裡的負面頻率，以及因恐懼而產生的念頭釋放掉；繼續深呼吸，繼續幫自己賦

能，繼續保持在暴風雨中心，如如不動地想像你正呼吸乾淨無菌的空氣，再次呼吸，把信任、智慧、放鬆、穩定、寧靜、心安……吸進來，讓大自然為我們帶走恐懼不安，帶回滋養我們的能量——只要我們不再以恐懼餵養恐懼的風暴，保持在愛的互助頻率之中，就能有足夠的耐心、體力與能量，等待暴風雨的消失。

倘若地球上每個人都重新珍惜能呼吸到乾淨空氣的可貴，就不會有人為了經濟利益汙染空氣——「命比錢重要，沒命錢也沒用」，如果不懂得這個基本道理，將來付出的代價就是昂貴的呼吸器。請大家一起努力，以 Covid-19 期間空氣品質最好的那天，做為各國維持、甚至越來越好的標準，並不再濫墾濫伐、火耕燒墾，以每人至少種一棵樹的方式，恢復亞馬遜雨林或是家園旁邊樹林的茂密，那麼因地球暖化讓北極永凍層崩解、釋放封存千萬年傳染性病毒（如：天花、黑死病），或是有毒物質的可能性也會大大降低——只要我們活得健康，就不再需要創造病毒，然後再用病毒去研發疫苗的惡性循環。

疫圖 2：恢復水源的清澈，保護海洋生態

各地因封城或停工，沒有船打擾的河面變得清澈見底，海洋河流開始出現了魚群回流……對照疫情期間多艘遊輪與多國軍艦相繼發生群聚感染，我們要揣摩地球的上意是非常簡單的：遊輪或軍艦，一下子乘載數千名觀光客或是軍隊，本來就會對該河道水域、海洋生態造成影響甚至是汙染，如果你是地球，你應該不喜歡太多軍艦、巨型遊輪持續干擾原本清澈的海域吧。如果地球的意識是「疫中求同」，那麼她應該希望人們合一和平，而不是用大型軍艦或航空母艦彼此防禦、威脅、攻擊，所以會發生船艦上的嚴重疫情也很容易被理解。

此外，全球近 90% 魚種面臨過度捕撈，其中更有超過 30% 魚種已經無法繼續生存，再加上層出不窮的生態危機、海洋資源枯竭，海上暴力與虐待漁工等人權問題頻傳……，這次疫情讓出門吃海鮮的食客銳減，意外減少了出海捕撈漁獲的船隻——如果地球為了要保護海洋生態出此下策，請問你還能想到有什麼別的更好的

方法，可以瞬間中止人類瘋狂的捕撈嗎？光從大批漁獲因疫情滯銷被銷毀，就知道我們是如此貪婪的「饕」空海洋，所以「恢復水源清澈、保護海洋生態」是這次地球強力自保的「疫」圖。

疫圖 3：人被關在屋裡
野生動物自由上街

這次畜牧業因疫情面臨供過於求的轉型期之外，還有因為全球許多大城市被封鎖，人們被關在屋裡，換成動物一一跑出來逛大街：奈良鹿上街覓食，馬在義大利街上閒逛，羊、牛、鵝、雞、野豬紛紛走上街頭而且沒人對牠們按喇叭，泰國大象樂園因沒有遊客，園方將一百隻大象送回 150 公里外的大自然……我們才「疫」識到，人類才是地球最大的病毒，大面積占領生物的棲息地變成高樓大廈，大量砍樹剝奪了鳥類的棲息處……我們霸占地球太久，牠們終於短暫光復了自己的失地——原來人類什麼都不做，就是對地球最大的貢獻。

我在澳洲的音樂家朋友 Edo 在疫情期間，別人是隔離在城市的大樓或公寓，他則是在自己創建的生態森林家園溪水邊彈著吉他，與家人、動物一起享受生活，似乎完全不受疫情影響。難怪有人說，如果這次疫情完全沒有影響你，可見你活得有多「邊緣」，而這個「邊緣」正是大家渴望的主流，也會是未來人類與地球原生態共存共榮的未來趨勢。

這次疫考讓我們重新辨認出，哪些生活方式是出於恐懼焦慮而創造出來的，許多看似便利的生活方式雖然省時但卻汙染了大地，我們需要立即更正；我們也要同步創造出能與環境共生的未來新生活方式，如果我們每個人都住在大自然中而不是密集擁擠的城市，大地的距離夠廣闊，就不容易群聚感染；住在自給自足的有機生態村，就降低了糧食危機的風險，而《鳴響雪松系列》正是一套教人類如何與自然共存的生活藍圖，把未來最美好的生活方式以及實踐的方法，逐一寫在系列十本書之中。系列第一冊《阿納絲塔夏》裡主張：「每個人應該各取得一小塊土地，全心全意創造真實的天堂樂園，面積再小也沒關係。我們一起來把自己在大地球的小土地變成盛開的花園，如果數百萬人在各個國家都這樣

做的話，全地球就會變成盛開的花園，屆時不會再有戰爭，因為數百萬人都會沉浸在偉大的共同創造之中。」這套書已催生了俄國數百個生態聚落、全球超過數萬個生態家園成立。如果每一個人，每一個家庭，每一個國家都能依照這套書的方式而活，那麼將來地球就不必再以「疫情」等考驗，來逼得我們回到自然的正常生活。此外，影片《明日進行曲》（Tomorrow）、《我家有個開心農場》（The Biggest Little Farm）以及《找尋明天的答案》這本書都是每個人必看，這些都是我們煥然「疫」新的最佳願景指南。

疫圖 4：請勿製造過多的物質汙染

過去因為諸多快時尚工業，生產過多的衣、配件、鞋、包、毛巾、寢具、單車、汽車……，許多人用過即棄造成地球的嚴重汙染。這次多家工廠停工，一方面減少供過於求的物質汙染，二方面讓人們反思自己的欲望是否已遠遠超過生活所需。

許多應變力快的服裝時尚品牌，在疫情期間也開始生產口罩，酒

商開始改賣消毒用酒精……這都是強迫人類把對外在形象、社交應酬的需求，轉向為對自己健康與公共衛生的重視。但我們能否以今天為例，環顧一下你所待的環境，有多少物品是因你日後拋棄而會造成地球汙染？我們是否能盡量減少購買會危害地球的商品（特別是包裝）？如果你是生產商，是否可以開始轉型為對地球完全無害的產業或製造方式？

疫圖 5：讓軍隊忙於對內救援　　　　　　而不是對外攻擊

「你真怪，怎麼進了義大利軍隊？」
「也不是真正的軍隊。只是救護車隊罷了。」
　　　　　　　　　　　　── 海明威《戰地春夢》（*A Farewell to Arms*）

這次疫情突然大爆發，各國的醫療設備、救護人員、殯葬業工作人員嚴重不足，各國政府被迫要動用軍隊來封城，製作口罩與防

護衣，協助往生者火化事宜等等。如果世界各國願意同時放棄「侵略 vs. 防衛」舊的遊戲規則，願意一起互助共好，將龐大的軍事預算移為全民健康醫療教育與地球保育，把軍隊改為救援隊幫助需要的人，那麼這場人類大疫考就會往快速通關的方向進展。

疫圖 6：還需要監獄嗎？

英國前內政大臣道格拉斯·赫德（Douglas Hurd）曾說：「監獄只是用一個更昂貴的代價，使行惡之人變得更壞。」這次最「疫」想不到的就是，有些國家為了怕群聚感染，大量釋放監獄中的囚犯。這讓我們思考：如果我們從家庭環境、學校人本教育開始，培養好每個人的道德觀、互助互愛，社會經濟不再貧富差距造成太大的失衡，盡力把所有犯罪動機都消除，包括關懷照護精神有狀況的人，不讓他們變成社會上不定時炸彈，沒有犯人也就不需要監獄。

根據國外媒體報導：挪威巴斯托（Bastoy）監獄的犯人可以在休息時去健身房、騎馬、滑雪、釣魚，甚至在海灘上曬太陽；這裡

的監獄設有圖書館、商店、教堂、學校、社福中心,而且沒有圍牆,沒有致命的電網,也沒有持槍的警衛。服刑的犯人可以製作家具,種植蔬果,圈養牲畜,他們與環境共生,也養活了自己。這裡的受刑人獲得人道待遇,保有基本人權;從這裡被釋放的囚犯在兩年內的再犯率極低,只有16%,而全歐的數據是70%,美國68.7%(三年內累犯率)。

如何維持人類的公義與平衡、往「根除犯罪動機、減少犯罪率與再犯率」的方向去努力,只要有一天,犯人、監獄從地球上徹底消失,那麼這場大考在人類進化史上就「疫」義非凡。

疫圖 7:暫離聖地,
向內尋找自己的神性佛性

這次疫情最早跟宗教有關的,是從韓國新天地教會開始引爆群聚感染,首先打破的就是宗教領袖崇拜的迷思。接著憾動人心的畫

面還有：以前數萬信徒圍繞的麥加大清真寺花崗岩卡巴天房空無一人，伊斯蘭教徒在齋戒月首次被禁止到清真寺以防群聚感染；天主教教宗面對梵諦岡空盪盪的廣場做祈福彌撒；教堂與寺廟不約而同地關閉，各大宗教集眾節慶活動也一一取消……，一如《地球朝聖者》提到：「任何事物都有兩個維度的存在——看得見的維度，和看不見的維度，而那看不見的維度就是神聖的維度。」本來神性、靈性就是精神的、無遠弗屆，不是身體與外在表相的，這次疫情最大的意義，就是讓各宗教的信徒們暫時從聖地儀式、形式中短暫離開，回到自己內心去找尋神性佛性本性與心安，這才是根本究竟之道。

疫圖 8：讓人類停下瘋狂的腳步，閉關自省

這次疫情在最短時間之內強迫全球 2/3 以上人口輪流閉關，強制按下工業巨輪的暫停鍵，是全人類集體閉關的難得機會，讓許多

人開始思索自己的人生意義；也因為封鎖的關係，大家得關起門來面對自家的課題，朝夕相處的考場逃也逃不掉。此外，平常有閉關修行的人，比較不覺得突然被禁足或是隔離有多孤獨、多痛苦，這次大疫考基本上就是把內在未修的功課，全都搬上了你的考試桌上。

在這波疫情之後，全球馬上要面臨的是「糧食危機」，聯合國世界糧食計劃署（World Food Programme, WFP）在 2020 年 4 月 21 日報告指出：糧食不足的人口可能會由 2019 年的 1.35 億人大增至 2.65 億人，即上升將近一倍。我們應該用全球觀來思考糧食嚴重分配不均，或因疫鎖國後物流供應鏈斷掉所造成的問題：有的地方生產的糧食因斷航運不出去所以只能丟棄，有的地方糧食過剩到被浪費倒掉，有些地方連基本生存的糧食都出問題。至於我們個人，平時有減食、輕斷食、辟谷、排毒、食氣經驗的人，也就比較不怕糧食危機，甚至目前住在大自然生態村裡的人，會是在疫情封鎖的各種人群中最幸福豐足的。所以全球要開始思考糧食在地供應自給自足的方案之外，個人每年可以安排定期閉關至少一到兩周以上，強迫自己從機械化的節奏中停下來，反思人生是否

偏離大自然的生命主軸，並斷開不健康的飲食習慣，對自己的身心健康是無比的重要。

疫圖 9：無祕密、無隱私的時代來臨
考驗的是人性良善

為了追蹤疫情感染足跡，許多人的隱私都被政府科技監控與曝光。哈爾濱一張擴及數十人的感染地圖，曝光了人與人隱密的交往關係，目前已引發「個人隱私」與「公衛資訊公開」的爭議，但可預期的是，未來的人會越來越沒有祕密與隱私。

接下來馬上進入的是人性考驗的第二波，考的是監控者是否真心有愛地關照大家？還是只是為了鞏固權力而為的全方位無死角監控？考的是科技軟體企業是否有助於人們更好更安全，而非只是想拿用戶的大數據變現？當無祕密、無隱私的時代來臨，良善的人會緊密地互助互愛，非良善本意的人則會製造更多的恐懼與不

信任，也就是說，科技越進步，放大我們人性善惡的能力就越強越廣大，所以想要「大家一起好」就必須以良善為最高前提，如此才不會科技越進步、世界越混亂。

疫圖 10：貧富差距、弱勢族群
　　　　老人安養院的問題浮出冰山
　　　　人類共好的議題浮出檯面

在 2020 年 5 月初，美國失業人口飆升到 3350 萬人，白宮經濟顧問哈塞特（Kevin Hassett）預估全美失業人數因疫將達到 20% 左右，43% 的中小企業將在四月中起的 6 個月內陸續倒閉。國際慈善組織樂施會（Oxfam）預估這場疫情會讓全球至少五億人淪為貧窮人口──「貧富差距」擴大成了「生死差距」，電影《寄生上流》、《屍速列車》、《末日列車》你死我活的殘酷真實上演：有錢的富豪找奢華的度假村度假，一無所有的貧民連躲疫的住屋都沒有，在惡劣的街頭環境被不人道的對待，處於群聚感染、斷糧、

餓死的危機，甚至被恐懼染疫的人殺害；這次疫情許多老人安養院的災情特別慘重，有的國家沒有健保、篩檢，醫療費昂貴，沒錢的人還病不起，但有的國家是篩檢與診療都免費，連被隔離都還有食糧與補貼金。

這次疫情非常嚴重的西班牙，其副總理兼經濟部長卡爾維諾（Nadia Calvino）表示將盡快推出芬蘭學者所提出的「無條件基本收入方案」（universal basic income, UBI），每個月發放最低生活水準現金約 485 美金，讓每一位公民都能獲得足以過活的基本薪資，藉此保障所有家庭的基礎經濟，也希望大家不再為五斗米折腰，可以把謀生的時間，拿來放心發展自己的興趣天賦，而不是為了基本生存、生計付出了極大的勞力時間——這次疫情，各國考的是「人命的價值」有多高？人命價值高於經濟還是低於經濟？是否有全民健保讓人民獲得最基本的醫療照顧？是否有失業津貼或是低利貸款幫助人民度過難關？封城與解封、繼續舉辦大型活動還是停辦延辦的考量，是根據於錢還是命？

薩古魯說：「愛」是人的品質，愛不在於你做了什麼，而在於你是

個什麼樣的人——令人感動的是，有的老闆再辛苦都堅持不辭退員工、不減薪，有的房東免房客幾個月的租金，美國阿拉巴馬州一間鐵工廠老闆甚至還幫員工交房租，幫他們付帳單；加州洛杉磯許多飯店和餐廳因疫情關閉，當地慈善團體設立食物銀行，發給大批失業的服務業員工新鮮的蔬果食物；還有英國 99 歲罹患癌症又動了髖關節手術的湯姆・摩爾上尉（Tom Moore），以助行器在自家花園走一百圈，為全英國國民保健署 NHS 籌得超過 2200 萬美元——患難見人性，人彼此互助的美好與殘酷對待同時被看見，這就是大疫考的題型。

疫圖 11：生死無常
　　　　珍惜生命與身邊的人

這次疫情大規模地感染甚至帶走許多人命，小至嬰兒，大至百歲老人，很多時候是連告別時間都沒有，提醒活著的人要珍惜生命與身邊的人，把握當下和解或是即時表達愛。我看到一則「疫」

常溫暖的新聞：有位 95 歲二戰大屠殺倖存者 Max Rosenbloom 在護理院中隔離，他女兒搭雲梯升 30 英尺到達護理院三樓窗邊，跟他揮手關心與問安。這讓很多人開始反思：自己可以輕易見到父母，但卻有各種理由與藉口不回家探望與關心。

當新聞從一開始說 Covid-19 對老人家很危險，到後來越來越多中壯年人、NBA 球星、剛出生的嬰兒都無法倖免，甚至有老虎、狗、貓開始染病，人就是最大的傳播者，所以這病毒在地球生態圈裡擺明就是給人類的，以變種的方式針對不同的人來給課題——「無常」不分年輕人、嬰兒、老人，網路上開始發起預寫遺書的活動，讓人們在死亡面前深刻體會什麼是愛：重症昏迷不醒的人，因為愛，所以彌留讓家人有心理準備的時間，愛著他的家人也是因為愛，不捨其受苦而選擇忍痛放手……電影《最後晚安曲》（Lullaby）生離死別的劇情每天殘酷上演，直到大家明白：沒有人能隔離在愛之外，也沒有愛會被遺忘在死亡之後，死亡是「愛」的終極題型與提醒，思念就能讓彼此超越時空重聚。

疫圖 12：全球合一共好
全人類在同一艘船上

李・卡羅（Lee Carroll）在《新人類》書中提到：細胞以人類未知的方式協同合作。每個細胞都知道彼此在做什麼，以產生化學與電的平衡，使全體朝同樣的智性目標努力。當人體數以兆計的細胞可以一起合作並活得長久、能協同運作且盡量生存下去，為何僅由幾百人湊成的團體會功能失常，甚至是社會組織的規模愈大，工作表現就愈差？

這次全球大疫考，直接考的是人與人之間、國與國之間的「真實」關係。比方一開始發生疫情的地區、國家，被某些其他地區、國家的人隔離、排斥、攻擊、傷害，然後風水輪流轉，換成了他們也受到疫情影響，親自體驗被別人排斥、攻擊、傷害的感受，就像是一場快的不得了的現世報。個人的層面也是如此，一開始不小心染疫的人是這場大疫考的先鋒考生，他們優先體驗到被隔

離、排斥、攻擊、傷害的痛苦，有些沒染病的人幸災樂禍、事不關己，直到他們自己也體驗到了相同痛苦；在疫苗還沒出來前，康復者的血漿成了療法之一，而且因為體內有抗體所以再次染疫的機率減低，這批「疫」勇先鋒就成了最早過關、相對安全的人，一樣也是在快速流轉現世報，所以這場「疫」考考卷設計得極其精密，考的就是你怎麼對人，別人也會怎麼對你。

在電影《鐵達尼號》裡，無論貧富都在同一艘船上，生死之別在於救生艇之內還是之外。如今在這場疫情下，不論國家制度先進還是落後，不論人是年輕還是年長，是健康還是有慢性病，全世界的人也都處在同一艘船上，地球只有一個，沒有其他星球可以逃生，唯有徹底做好隔離才能挽救最多的生命。政治分隔對立是阻礙人類合一的災難，就像在一艘快沉的大船上，如果還在互相指責是誰造成船撞上冰山，就會造成更多人溺死在水裡。也就是說，在這個地球上只要有任何一個國家還在疫情中，我們任何一個人都無法安心、自由地行走在世界上，就相當於在地球上，你是住在「比較大而豪華的生活空間」vs.「一張重症病床／群聚感染的貧民窟」，牢獄大小雖然有別，但一樣都無法安心自由。

《人類大歷史》作者哈拉瑞在〈新冠病毒之後的世界〉文中指出：全世界需要共享資訊，中國可以傳授美國應對新冠病毒的寶貴經驗；義大利醫師清早在米蘭的發現，很可能在晚上挽救了在德黑蘭的生命；當英國政府對幾項政策猶豫不決時，一個月前已面臨過類似困境的韓國可以給予建議。要做到這一點，我們需要全球合作互信的精神，各國應該願意公開分享資訊，謙虛地尋求建議，並且信任所收到的資料和見解。我們還需要全世界一起努力來生產和分配醫療設備，尤其是測試工具和呼吸機。與其每個國家在本地生產並囤積設備，不如在全球協調一致地努力，就可以大大加快生產速度，並確保可以更公平地分配救生設備，並將關鍵的生產線「人性化」。不幸的是，目前各國幾乎沒有做這些事情，國際社會陷入了集體癱瘓，當前流行病讓人類認識到全球不團結將會帶來嚴重後果，所以人類需要做出選擇：我們是走全球團結的道路，還是繼續各據一方？如果我們不團結，這不僅會延長危機，將來還可能會導致更嚴重的災難；如果我們選擇全球團結，這不僅會讓我們戰勝新冠病毒，也能成功抗擊所有未來的流行病。

一如《地球朝聖者》所揭示：「你能夠正確的看待你周圍的世界嗎？表面上看起來是分崩離析，實際上人們是更加緊密地團結在一起——正在分崩離析的是舊世界、舊意識、舊經濟和舊的商業模式，經過這種崩離，一種新的意識出現了。」如果大家願意集體選擇愛與和解，而非恐懼仇恨，先放下究責的時間，想辦法以現況、現有資源互助共存，願意化敵為友，以升維合作取代降維攻擊，一起觀想「你好、我好、大家一起好」的願景畫面，倘若我們現在就調到這種頻率狀態，將來疫情就很難能這麼大規模影響我們了。當全球分離「疫」識轉為合一意識，這「疫」場夢就能瞬間醒來，我們就不必再補考，集體過關！

第 4 章

關於平行現實與重新聚焦

轉折點與轉捩點

平行現實的分光稜鏡：
你聚焦在哪，就代表你選擇哪一個現實

依據巴夏在 2019 年 11 月 16 日的說法，2020 年是非常關鍵的一年，代表了未來的視角，也象徵著後見之明：就是收集你所學到的經驗、教訓、訊息之後，重新擬定未來幾年的新目標。你們以為彼此在同一個現實之中，但其實不是，你正在創造你自己的現實版本，因此很多個版本就同時並存，就像分光稜鏡把一束白光分成不同顏色的光譜，分出了不同的平行現實，你可以在自己所在的那一個現實，透過玻璃看到現實中其他與你振動頻率不一樣的人，但他們不再影響你了，因為他們的振動已經碰不到你，除非你選擇相信你會受到他們影響。

巴夏表示，每個人都在自己的現實之中，你會與振動頻率跟你兼容的人和諧一致，但也會與不一致的人越來越遠，你們之間的裂縫越來越寬，相隔的玻璃越來越厚，如果你選擇的是樂觀、激

情、興奮、創造力、愛的言語與行動，表示你所選的現實振動頻率就能更快具體顯化。如果在你的現實中看到你不喜歡的「有人亂丟垃圾、或是抱怨」，那麼你可以把垃圾撿起來，以積極改善的行動來活出你要的現實版本，於是你周圍的人自然而然會受到你的影響，你成了周圍的人、也成為了自己的榜樣。不要猶豫、不要退縮、盡你最大的努力，選擇激情、興奮、創造力、愛的振動頻率，然後付諸行動，行動就相當於你對於自己的選擇蓋了認可的章，你的行動會很快具體化那個你所選擇的現實，如果你需要透過繪畫來表達自己，那就畫吧；如果你覺得需要透過寫作來表達自己，那就寫吧。

你們有發現誰已經離開了你的生活圈？有誰今年剛進了你的生活圈？你有發現自己在哪個現實版本中嗎？

「平行現實的分光稜鏡」這概念，非常符合很多人在疫情隔離假的狀況：在疫情中，有人恐慌、焦慮，或是自我廢在家裡打電玩，或是無意識地追劇、狂吃、滑手機新聞，與朋友聊很久的天來打發時間。但如果你是清醒的、穩定的、有效利用時間來充實

自己，那麼就算身邊的人在焦慮、煩躁、悲觀，他們也影響不了你，你們彷彿是在同一個屋簷下並存的兩個平行世界。如果把視角拉到全球，有的國家將國民的生命放在經濟之前，投入所有的資源，力求大家一起度過疫情；有的國家把經濟放在生命之前，一直擔心會影響經濟而遲遲不肯宣布封鎖邊界或是封城，或是因經濟因素被迫封鎖國界後又急著想復工⋯⋯最後的結果就反應在染疫確診、死亡人數微量或巨量的差別，就像是分光稜鏡：你聚焦在哪，就代表你選擇並顯化哪一個現實。

當我們知道了人類大疫考的地球「疫」圖之後，讓我們開始從觀念中、生活裡、行動上開始改變，做好接下來「轉折點」、「轉振點」的準備，如巴夏在 2020 年 4 月 25 日在〈針之眼〉所提到：

在風暴之眼期間，你經歷通道的能量中點，
你將經歷這輩子都不會經歷的事。
在隔離孤立、如繭般的獨處期，讓內心釋放掉恐懼的信念，
轉換能量，剝去那些不再屬於你的東西，
放下與你振頻不相容、來自別人的影響，
例如：挫折、憤怒、恐懼、悔恨、悲傷……。
不要期待別人的改變、道歉，寬恕別人、寬恕自己，
從過去學到教訓、但不耽溺其中；
成為過去的觀察者而不是參與者，
不從過去影響自己，而從未來影響自己、召喚現在的自己，
穿過「針眼」從另一端不費力地「滑」出來，
更接近真我的你就會在另一端出現，
你就能活在越來越輕鬆、加速、自由的當下。

轉折點、轉捩點的準備

個人轉折點、轉捩點的反思
——從未來十年後很棒版本的你，來看這次疫期版的你

以下這些問題都可以讓自己跳脫目前困境，拉到更長遠的時空來看現在：如果從未來十年後很棒版本的你，來看這次疫期時的你，你覺得**這次疫情教會了你什麼？改變了你什麼，讓現在的你得以調整成未來很棒版本的你？如果這場疫情是人類轉變到更好的重要關鍵，那麼我們該感謝什麼？領悟到了什麼？你是否能比以前更重視健康？你是否能明瞭：沒有健康生命家人，就算有再多的財富、再多的車子房子都沒有意義？**

每個人在一生中都會面對幾個必經之路，從出生、會爬行、會說話、會走路……大腦與身體必經歷程，到大部分人的心理成長歷程：上幼稚園、小學、國中、高中、高職或大學以上、戀愛、結婚、生子……，這些我定義為「轉折點」。我們生命旅程中也會經

歷幾個重大的挫敗或是意外事件，比方與父母爭吵、失戀、考試失敗、失業、自己家人友人偶像生病或意外離去、夫妻或婆媳失和、離婚……這些我定義為「轉捩點」。

人生V字轉捩點

------------ 覺醒之點

「轉折點」相當於我們前方路徑的轉彎,「轉捩點」相當於車子是否上高架快速道路,還是走一般平面道路,或是走地下道,取決於自己面對交叉點時的決定,究竟是要往上而快速?或是維持原路繼續塞車,再等下次上交流道的機會點?還是往不見天日的地下道走?

有的人會問,我們為何要面對這些考驗,難道我們不能平順的過一生嗎?一生會遇到哪些重要的關卡、遇到哪些人事物,似乎已有既定的劇本,但怎麼演就會有不同的結局。我們也可以觀察全球熱賣的電影、電玩是什麼類型,來推論目前人類的主流進展,例如 2019 年的《寄生上流》、《小丑》揭示了人類貧富階級不平衡的反撲,但我們除了身為「觀影觀眾」之外,我們為這個「不平衡」做了什麼?

《寶瓶同謀》(*The Aquarian Conspiracy*)一書裡提到:「當前個人與社會失衡預示了一種新社會,所有的角色、關係、制度現在都開始重新檢視、重組、設計。」讓我們接續第 2 章「自我覺察的第 12 個指標」,來延伸思考出第 13 個指標:「如果從未來十年後很

棒版本的你，來看這次疫期版的你，你覺得這次疫情教會了你什麼？改變了你什麼，讓現在的你得以調整成未來很棒版本的你？」當你逐一寫下來，這些部分就是你**新版的導航系統**，請不要再回到舊軌道前往你不想去的目的地，比方你平常愛買的哪些東西其實不需要？哪些事情很重要但你忽略了？比方健康、免疫力的提升等等，這些就是升維過關的高架橋，從你開始執行這些領悟啟示時的今天，就是你翻轉向上的轉捩點，也相當於從十年後超棒的版本投影到此刻，來擬接下來的新軌道，你會很快抓到「過關、翻轉人生劇本」的重點，你也會充分利用接下來的每一天逐夢踏實地完成。

全球一起面臨考驗的轉捩點，對於當下每一個人來說，衝擊力道比個人轉捩點更加劇大，那是因為全球連動的振幅更大，沒有人、沒有國家能置身事外。我們想像這是一波又一波的巨浪，誰在浪頭、誰在浪底，差距就很大。

從十年後更好的地球未來往現在想，這次 2020 年的疫情就是非常關鍵的轉捩點，我們十年後的未來能有多好，就看我們現在做了

什麼應變與改變。換個方式思考，如果是十年後的自己跟現在的我們建議，他／她會對我們說什麼？例如：停止工廠汙染，關閉野味市場，肉品與海鮮的養殖、處理與販賣環境的衛生，不再繼續生產無法分解的東西（如：塑膠）、停止過度捕撈海洋生物，建立自給自足、綠能環保的生態村，重新評估大型遊輪存在與否……你是否還能再想幾個？我們可以利用這股世界級巨浪的低谷反彈能量，讓自己轉到浪頭，借其動能順勢衝往我們想要去的「彼岸樂土」，我們心中渴望的地球人間。

巨大轉捩點之下，拉升 10 年維度思考題

請先寫出你的工作／職業／產業是什麼：

1. 請列出這次疫情，對於哪些行業有影響？無論是損或是增的影響，都要列出來。

2. 請列出全球近 10 年來因重大變局（自然與人為）所造成產業巨變的實例。

3. 你以前或目前所待過的產業，是否有因這次變局而有哪些變化？
   你能否以這次疫情為例，構思出你所處的產業未來需要有怎樣的改變？

4. 根據全球近 10 年來因重大變局（自然與人為），你的產業應做哪些改變與更新？

5. 根據全球近 10 年來重大變局（自然與人為），你未來可以為自己增加哪些職業項目？你現在如何開始進行？

這些問題過去可能連想都沒想過，但正因為平常生於安樂，所以我們不能因疏忽大意，當變動來臨時措手不及。這次 Covid-19 疫情我們看到各行各業全面大洗牌，例如：

■ 戲院關閉：賀歲片《囧媽》轉為網路平台免費播出，流量帶動股價，但也引起了戲院的不滿。

- 公共場所關閉：如迪士尼、博物館、美術館、各大景區的全面關閉。如果你是這些行業的負責人，如何開啟網路遊覽？思考線上比去現場的好處有哪些：例如不用排隊、知名專家隨時在你家電腦或手機前為你導覽、任何時間都能參觀、不受空間限制地流覽所有的館藏……，這部分在許多地方、許多國外知名的博物館、美術館都已經這麼做了，所以其他還沒轉型的就要加快速度。
- 餐廳關閉：外賣外送取代大家上餐廳，「不接觸」的經濟型態（電商＋外送）興起。開始流行在家裡陽台、院子種植可食的簡單蔬果，來維持「閉關隔離」自給自足的生活，還有平常有辟谷、輕斷食經驗的人也比較不會恐慌。
- 演唱會幾乎全部取消，紛紛轉為網路上的音樂演唱會，將來還可以結合家庭 VR 劇院，就能在每個人的家中看演唱會、藝術表演、音樂會、球賽等等。
- 網路線上課取代到學校教室上課，如果有電玩般有趣的虛擬互動教室在家裡該有多好？
- 疫情期間因為大家怕到醫院產生群聚感染，越來越多線上診療、網路醫院可以補足實際醫院人手不足的狀況。家家戶戶如

何配有基礎健康檢測設備，或是將個人身上檢測裝置連結到網路醫院的線上醫生？將來就能降低去醫院增加傳染風險，並增加個人平時居家自我檢查的健康意識。

■ 酒店、航空、交通……，因為許多旅行團被取消，大大衝擊旅遊觀光相關產業，面對這產業風險加劇的未來，該要做哪些轉型，例如以 VR、AR、如電玩遊戲般的虛擬旅行，來讓人們在家一樣可以享受「雲端遊四海、靈魂萬里通」的快樂。

■ 盒馬鮮生率先推出「共享員工」的應對計畫，讓人力可以因產業變動而有自由流轉的彈性，也減少減薪、裁員、重新招聘的成本。

現在全球各地正在發生什麼，你都要練習想一下，如果我們是這些受影響的企業負責人面對這種情形，倘若時間倒轉到疫情發生之前，我們可以怎麼預防、準備、未來可以做什麼相關發明或項目？

當你能仔細分析出這次的疫情大浪對你的好與壞影響，你才能知道你轉捩點動能的高點與低點在哪。舉例來說：

2019 年 8 至 10 月我在歐洲旅行，看了奧地利的湖上歌劇，也去法國羅浮宮看了達文西特展，這是我很開心的高點；低點就是疫情爆發之後，我暫時無法出國去看展覽，許多國外藝術家來台的表演都被取消……，這些都是我的低點。但我在低點時，看了許多過去因忙而沒有看的書、影片，也利用這空檔寫了我的新書，所以我等於在低點時，累積出下一波段高點的動能與儲糧，等到全球低迷點過了之後，我準備好的作品就能順著反彈的動能出版。但如果有人在全球低點時很頹廢、沮喪、悲觀、擔心自己未來的工作與生計，就可惜了這難得的「蘊藏生產期」。如果平時做好「儲糧與多元動能」的準備，那麼這種突來的變局就不會擊垮你，反而可以乘風破浪發揮你的多元天賦，因為你老早就做好萬全的演練與準備。

未來升級思考

所有人是一個整體，別人的不幸就是你的不幸
　　　　　── 海明威《戰地鐘聲》(*For Whom the Bell Tolls*)

透過這次全球大疫考讓我們都領悟到：各國緊密連動，個人風險
與全球風險是綁在一起的，沒有獨善其身這件事。所以我們現在
可以思考，自己目前在生活上、飲食上、環境上、行業上……該
怎麼做調整？怎麼轉型？如何以保護地球為前提，藉著科技來升
級，讓大家可以一起更好？只要我們每個人從自己可影響的範圍
之內，反思到最高智慧層級，並擬定未來行動的方針，這就是全
人類當下一起完成大疫考的關鍵。

從地、水、火、風、人（自己）五個元素來談風險與應變的準備

我在《人生變局創意學》提到「從重估風險到風險共存」：當越來越多的變化、風險超出經驗、超出預期，我們除了盡人事、事先預想預防之外，還需要調整自己的風險承受能力與應變力，最高境界就是要與風險和平共存，讓自己面對變局保持最大幅度的彈性。

當地、水、火、風、人五大元素是正向時，就是我們的助力，但如果是負向，就變成了我們的風險，就像是五行相生相剋的道理。正面思考不是不去看負面，而是無論面對什麼問題都以正向積極不逃避、深度反思、高度覺察智慧、穩定有力量的態度面對。《今天暫時停止》這部電影是每個人必看的生命教材，特別是主角在哪些關鍵點上做哪些的不同反應，就是我們翻轉自己以及全人類劇本的提示。2020 過農曆年時大家一定有一種感覺：怎麼

每次醒來都還在放假，而且越放越長？感覺這個春節一直過都過不完⋯⋯，但這部電影告訴我們，即使是同一個世界、同一套生活劇本、面對同樣的人事物，你對應的方式不同，一天的結局就天差地北；所以電影在二月二日這一天的最終大我版本：男主角菲爾一個人到處救全鎮的人，因為他已經全知整個鎮的人會發生哪些狀況，所以他以一己之力，來完成全鎮人的最高版本——如果每一個人都能從「小我思維」升級到「大我全局」，一起調到「大家共好」的頻率角度來過今天，那麼地、水、火、風都將是全人類的協合助力，而不再是頻頻出題的考驗阻力，才能集體翻頁到二月三日過關的新版本。

讓我們以風險應變學的概念，從「前 10 年的全球風險大數據庫」中，為自己／公司／社會，設立「地、水、火、風、人」五個元素的風險底線與機會線來談應變學，讓自己的生活與工作，足以應變未來 10 年以上無虞。

聚合地水火風四大元素能量之後
把自己的天命放在正中間

2019 年底的電影《冰雪奇緣 2》揭示了 2020 蛻變之年，在變動中聚合地、水、火、風四大元素能量之後，把自己的天命放在正中間。連結這四大元素的重要關鍵力量，就是自己，就像種子必須在殼裡把自己保護好，專心滋養自己之後冒出芽來，變成大樹，才能結果成蔭。

如果你一直想幫助別人，先問問自己是否應該要先幫助自己？你潛意識裡是否也期待別人幫助你？關注你？讚美你？要記得隨時提醒自己：你的人生你自己做主，對自己好一點，勇於對你不需要的、不想要的說「不」，不要因為怕別人不高興而出賣了自己的快樂生命時間。任何事，只要你夠清明、有智慧與愛，都可以你說了算。

當你有力量，你也就有能力找回主權，保護自己以及周圍的人。把每一天當成是最後一天來過，如果今天是人生最後一天，你還

會擔心別人的看法嗎？這樣你就不會把每一天寶貴的生命浪費在「在意別人的看法」上──做真實的自己，清楚自己真正要什麼，為自己的每一個高維智慧的決定百分百負責、穩紮穩打，確定自己一思一言一行的頻率都是符合愛、信任、勇氣、自信、創造力的方向，確定都是導向自己想要的結果，才不會因恐懼掉進「覺得自己不夠好」的木馬程式中，否則就會活在自己創造的悲劇投射之中看不到真相，去追逐一窩蜂虛幻的潮流而泡沫化。

所以我們從風、火、水、地四大元素的深度思考，幫新版的自己灌入這四種元素的能量，置於天命之中為自己賦能，也等於充分準備好自己未來生活要發芽開花的種子。

■風

風的負向元素，最具代表性的就是這次透過口沫空氣傳播，引起大規模影響的 Covid-19 病毒，就讓我們從「風」開始說。

「風」本是中性，無好無壞，但相對於人而言，負向的風是：颱

風、暴風、龍捲風、焚風、流感、瘟疫、呼吸道流行傳染病、非洲蝗蟲災害……。「風」也代表「溝通」，所以也包括：負面／假消息傳播、語言霸凌等等。如果我們目前生活，以及正在從事的工作、行業加上負面的「風」元素，那可能會造成什麼影響？

例如：如果你是歌手，你的主要收入來自音樂專輯與演唱會，那麼颱風、暴風、龍捲風、焚風、流感、疫情……這些負面風的元素會讓你無法舉行演唱會，所以你要在籌辦巡迴演唱會前就預想到，萬一這種情況發生，你會做怎樣的應變？以及預演練一下，如果面對負面新聞、語言霸凌時，該怎麼做第一時間有效且逆轉輿論的公關處理？

例如：如果你是電影製片人，你的電影主要收入來自院線的票房，那麼颱風、暴風、龍捲風、焚風、流感、疫情……這些負面風的元素，萬一讓排好檔期的院線無法如期上映，你會提出哪些備案應變？電影《囧媽》臨時從院線改為線上免費觀看，就是2020 年電影產業快速反應的實例。

如果你現在是醫院裡第一線面對疫情的醫護人員，你能否一邊工作，一邊思考：將來把這些經驗寫成書或拍成紀錄片，做為大家對這疫情更深度的反思，與對未來醫療軟硬體設備的建議？如果將來有更普及到每一戶人家的線上醫院，你覺得應該具備哪些防疫與保健項目？

所以你要在「風」這個元素的正向面，全方位思考自己的生活與工作：傳播、強大口碑、輿論順風的方向設立夢想目標，但同時也要以負面的「風」元素，設立保底的應變風險線，這樣才能在變動劇烈的局勢中保命保本。

■火

2019 年的巴黎聖母院大火、日本沖繩的首里城大火、巴西亞馬遜雨林大火、一直從去年燒到今年的 2020 年澳洲大火，造成各國，也可以說是全球的巨大損失。還有 2020 年一月的墨西哥、菲律賓的火山爆發等等，韓國電影《白頭山：半島浩劫》提醒我們，要對於火山爆發做好應變策略的提早擬定。

除了密切關注火山動態之外，我們必須要正視的還有：如何減低氣候極端化所造成的高溫、森林火災，如何以高科技升級森林大火的預警系統與即時救火設備等等，這必須要有全球觀點與共識，因為一個地方發生大火，汙染的空氣是沒有國界的，所以環保意識與更嚴格的環保規章將會影響到各行各業、各商品與服務業。所以你的工作行業環保嗎？你目前的生活環保嗎？

舉例來說，將來「快時尚」品牌衣服也會因環保意識抬頭而勢微。你能否列出十個以上會因環保意識抬頭而必須轉型的行業？這些行業如何預先準備？你的工作行業、你的生活環保嗎？如果不是，你要全面檢查哪些地方需要改變？還有哪些能幫助我們過環保生活的方案、商品、服務還沒被發明出來？這些就是未來的商機。也就是說，只要掌握「往大家一起好、地球更好的方向」的趨勢，就不會退潮流。

再舉個例來說：除了防火、環保建材的房子家具，還有什麼跟「火」這議題有關，可以改進我們生活的物品與環境？而你的生活、工作職業加上「火」的思考會有哪些可能性？無論是正面或負面都需要預想一下，做好準備或調整。

■水

2020年1月印尼雅加達大洪水，造成39萬人流離失所。之前當然每一年都會有地方發生水災、洪水、海嘯，或是雪崩，但我們有仔細檢查過自己的住家環境、自己的工作職業，是否會有與水相關的風險？例如離海岸是否太近、排水系統如何？水壩的結構是否安全？水源是否乾淨？自家的淨水系統是否足夠？能否妥善運用水的循環，例如洗澡後的水簡單過濾後可以澆花等等。當遇到旱災時，農牧業該怎麼事先因應？能做好足夠的儲水或引流嗎？這些問題都可以先做好準備。

同樣的，你的生活、工作職業加上「水」的思考，會有哪些可能性？無論是正面或負面你都需要預想一下，做好準備或調整。

■土／地

關於土地的風險包括地震、土石流等等，這部分我們大家應該都有經驗了，在許多災難電影中也看過許多類似的情節。我們除了

充分了解地震帶的分布位置，確認好自己家、工作地建築的抗震能力、以及做好地震來時躲災的演練之外，把「土」的議題帶進自己的生活、工作職業的思考，會衍生出哪些項目呢？比方如果你是從事建築相關產業的，是否要往與大自然共存共好的有機生態村方向發展呢？

同樣的，你的生活、工作職業加上「土／地」「大我大愛」等級的思考，會有哪些可能性？無論是正面或負面你都需要預想一下，做好準備或調整。

■人／自己

除了地水火風之外的第五個元素就是自己，我們可以放大解讀為「人」。
這次疫情讓不少人多了假期，與家人關在家裡更長時間的相處，不知道大家是因此吵得更多？還是感情變得更好了呢？電影《囧媽》男主角伊萬與母親在開往俄羅斯的火車上，在狹窄的車廂中相處了六天六夜——這次疫情讓許多人因無預期的封城、在家不

外出的變數，被迫要與某些人面對面相處一段時間而無法逃避。你是否因此發現了自己還有哪些家庭人際關係課題還沒做好呢？

此外，在風險的概念中，有天災也有人禍，有些是因人為疏失而造成的災難，有些是金融風暴、有些是人心憤怒、仇恨引發的暴亂、恐怖攻擊等等。當我們身處在情緒或局勢混亂時，記得，**先不去做任何反應，不說任何話，不做任何事或決定，把自己先從風暴圈上移到風暴眼**，我們能做的就是先讓自己的內心穩定，如如不動，不焦慮、不恐慌、處變不驚；或者我們也可以想像自己正在升起的熱氣球上，在半空中遇到暴風雨時，你唯一能做的就是往上升到無風無雨的高維平靜地帶，在高維度視角以自己穩定的頻率影響周圍的人；其次我們要關心周圍的情緒炸彈，比方當你發覺有人開始要情緒失控時，你能否即時找到聰明的方法或是強壯的人來安定他，不讓後續的暴力事件發生？

倘若自己或周圍的人情緒陷入低谷憂鬱，你能否自救、救人？這幾年焦慮症、憂鬱症、想不開厭世的人不少，再加上疫情與失業觸發了這股巨大的憂鬱暗潮洶湧，這些都是潛藏的身心疾病、造

成自殺率攀高、社會犯罪事件頻傳的原因。在這個狀況下，你的專業、工作、職業、生活上是否能隨時幫助自己、周圍的人，以及你所遇到的人從情緒的低谷中脫困？

讓我們以積極、建設性、創造性的思考，取代消極的恐慌、恐懼、焦慮與抱怨。你可以用安心的頻率與行動保護自己與家人，但不是慌張一窩風地盲從與莽撞，這也是你現在可以思考的議題。

從改變頻率與生活習慣開始
你就能重新聚焦到新版本

我們已經在充滿「疫」外頻傳的 2020 年平安活下來，光這點就很幸福了。幸福是一種心態，與當下的狀態無關。所謂的幸福，就是要先感激自己已經擁有的，而不是抱怨或期望自己沒有的，因為這兩種想法的頻率天差地北。也就是說，當你現在開始發送感謝的頻率，就會吸引更多值得你感謝的人事物向你靠過來；

但是如果你現在身處抱怨、憤怒、不滿、委屈、受傷、心有不甘……。這些負面的頻率就會創造出更多這樣的人事物向你靠近。

每天早上醒來，提醒自己要「神聖」地起床，微笑感謝今天這一天，如果可以的話，用初榨的、無添加的椰子油漱口，這有助於清除口中的細菌，然後放神聖寧靜的音樂後，再去刷牙、洗臉、梳洗、保養……，禮敬自己身體的每一個部位，如同進行敬神儀式一般 —— 這是我幾年前去印度阿育吠陀中心排毒療養時的靈感，那裡為我草藥按摩的女服務員對待我們的身體，就像是禮敬神一樣，讓我深刻反省對待自己的身體應該要更有愛，因為身體就是我們內心的神殿。

如何讓自己不會因焦慮而暴飲暴食？不會因為焦慮去吃油炸辛辣的，來增加自己過多的體脂？不會因為缺乏愛，而去暴吃甜食甜點以為這樣可以增加幸福感？當我突然想吃炸甜甜圈時，我自己會先用想像的方式，在腦海裡想像每一口甜甜圈的滋味，但不是真的去買來吃；當我用精細的想像吃每一口甜甜圈時，我的口慾真的會滿足，我就不需要真的去買來吃，既省錢又不必花錢然後

還不會增胖，而且比較健康。最好家中、冰箱裡、工作的地方都不要放這些甜食或垃圾食物，下次如果突然又想貪食，可以先試試用想像的方式來吃，或是先把自己調到豐盛的頻率，用音樂、用創作、用舞蹈或靜坐都行，你只在真正餓的時候才吃，但要在吃飯前先量一下自己胃的大小，不要拿超過你胃大小太多的份量，最好只吃健康有機的、保有原型的食物，盡量少吃加工過、有添加物的食品，也少吃肉與調味料。

接下來吃飯前要在心中對食物表達感謝，因為感謝的頻率有助於你的情緒、健康與消化。每一口都要細嚼慢嚥，最好每一口都嚼三十下，你的大腦會以為你已經吃了三十口，就不會一直發送你還很餓的信號。

記得餓了才吃、飽了就停、不過量、健康飲食，因為你會成為你所吃進去的東西，你吃得越健康，就會越顯得越年輕。也請不要因為覺得自己不夠好而刻意激烈地減肥，我也不鼓勵去整形或是微整形，我看到很多人因為覺得自己不美而去整形，但根源就在「覺得自己不美」的想法頻率，才是醜化自己的真正元凶，往往會

越整越醜越怪，有的還因此損及了健康與生命。我的祕訣是：不跟別人比，好好活出自信美的自己就很足夠了──把自己如神般地活在人間，一定要尊敬、珍愛自己的身體，讓身心隨時處在豐盛美好幸福的頻率。

接下來把自己的身心設定成充滿「愛與光」的頻率，升維到大愛的層次，有同理心，你就能慈悲。遇到每一個人都以「愛」的頻率對待，有時我會想，大家離開家人在外工作都很不容易，何必彼此為難呢？讓我們對醫護人員、執勤人員，給予最深的感謝。隨時想一下，自己的專業、能力、時間、資源能為這地球以及大家做什麼？

記得保護好自己與家人的健康，注意自己的情緒要穩定、不焦慮、不慌張。給每一位需要的人最大的愛與支持，大家都是人生父母養，每一位老人家都是我們的父母，每一個孩子都是我們的孩子，每一個與我們同齡的都是兄弟姐妹，所以我們可以這樣練習：每一個見到的男人，都是我們家的兒子、父親、兄弟；看到的每一個女人，都是我們家的女兒、母親、姐妹。如果把周圍的人都視為「家外的家人」，大家都能彼此友善，那麼家裡家外都一樣溫暖，而你

的大愛慈悲頻率,也會讓四方的人、資源都往你這裡匯流。

每天早、晚或是假日空閒時,找個可以獨處的時間空間,想像自己站在地水火風之中,打開心中愛與力量的能源總開關,[5] 隨時清理疫情期間的舊印記、舊情緒(莫名的焦慮、恐慌)、舊模組,做好身心大掃除,至少不再以舊的負面頻率繼續毀掉你的生活,這對於人類集體命運的翻頁非常重要,關係著我們接下來的新版本,而且目前還在變動性很大的期間,頻率的高低會決定版本的差異會有多大。所以請準備好,一起確實蛻變。

薩提斯・庫瑪說學習的方式有三種:運用頭腦去知曉、用心靈去感受、用身體去實踐。《地球朝聖者》一書中提出很寶貴的生活建議,我將重點羅列如下,這份清單可用來當作每日生活的校準方針:

- 愛自己,不用暴力方式對待自己,不受限於固定教條;
- 信任並去愛孩子本來模樣,不過度干涉、不控制;
- 尊重每個人的不同之處,不試圖改變;

---

5. 我已錄製好地、水、火、風、人五大元素的冥想課程,可到臉書粉絲頁查詢相關資訊。

- 愛護地球，減少環境汙染和資源浪費；
- 選擇質樸的生活，不買不必要的東西、一次性物品，和過度包裝的商品；
- 瞭解自己真實的需求，不為物欲而購物；
- 自主選擇吃的食物，選擇自然、有機的，有條件可以自己種植；
- 放下手機，用心意烹製，並與親友共享健康美好的食物；
- 看到每一份金錢後面的能量和去處，去支持美好心念的事業；
- 工作不以賺錢為目的，而是享受專注的過程；
- 帶著心意說話，把溫暖和鼓勵帶給他人；
- 用心工作，把任何工作打磨成一門藝術；
- 支持手工業和本地經濟與社區發展；
- 無憂慮、無恐懼、無過度欲望的認真生活；
- 定期與朋友相聚，分享，不帶評判地傾聽，彼此滋養和支持；
- 以正確的生活之道（livelihood）生活，不損害自然，不剝削他人，也不會給自己帶來太多壓力。

第 5 章

個人如何在變局加速的現在

以 14 個步驟快速且全方位的升級？

在《超前十步的洞見力》（*Ten Steps Ahead:What Separates Successful Business Visionaries from the Rest of Us*）這本書中提到一個概念：有遠見的人有個很重要的特質，他們不是看見了不存在的東西而改變世界，而是看見了已經存在、其他人沒看見的東西。之前我在網路上看到有人提出「9種能力」，也代表「9種振動頻率」，包括：感知力、選擇力、行動力、體驗力、反思力、學習力、成長力、超越力、重啟力。但我覺得還不夠全面，應該把「學習、轉化、內化、體驗、穿越、揚升」的環環相扣，以及螺旋向上的動能系統考慮進去。所以我自己建構了因應變局的「全方位自我升級的 14 組動力結構」，這模組除了能在太平盛世活得好之外，還特別能在「變局」時存活得遊刃有餘。**圖一**

這是兩兩一組的全方位自我檢測指標，請大家先自我評量一下每項指標分數是多少？示範如**圖二**

然後自己依據弱項（低於 60 分）來強化、調整這 14 力達到平衡。現在我針對裡面的細項來簡單解釋：

全局力＋洞悉力

全局力

第一個是「全局力」，第二個是「洞悉力」，兩兩個一組。我們首先要學會有「全局力：全球連動的全局視野」，觀察全球各地目前正在發生什麼，跟我們有著怎樣「蝴蝶效應」關係。美國紐約的非營利組織「Life Vest Inside」在網路上發表微電影《愛是會傳遞的》（Kindness Boomerang）描述一個人的小小助人行為，如何影響了整條街的人。這種「練習全局觀鳥瞰視野」的培養，我是透過「外太空看地球運轉」、「鳥的視野飛行」影片，或是 google earth 從高空往下俯瞰整個地球，或是坐飛機、玩滑翔傘、登摩天樓……，每天早上第一件事先以「全球全局」觀點而非「自己所在地」的觀點來過今天，就相當於你以導演的視野來放大一天生活的格局。

有人說過：「所有的意外，都是意料中事。」──為何在疫情期間，世界各地的人開始去找之前的「預言」？因為人們在面對變

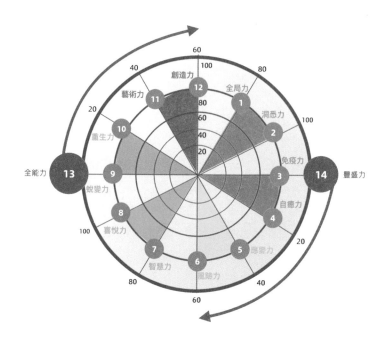

圖一

全方位自我升級的 14 組動力結構

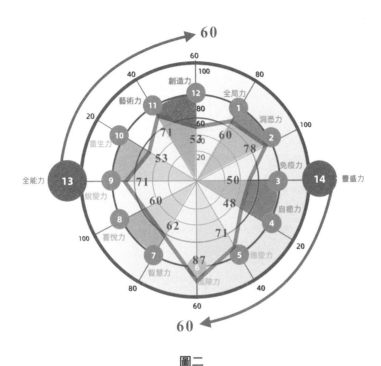

圖二

14 組動力結構自我評量示範圖

將 14 力的檢測分數分別標示在圖上,看出自已的弱項與強項,
以調整這 14 力,達到平衡。

動時，不喜歡那種「失控、不可控、無法預知」的狀態，於是他們會回頭去找證據，一旦找到了有誰在多久之前曾預言了這次疫情，那種「未知恐懼」就可以因此消減許多，因為只要找到可以「尾隨」的先知，就表示未來再多的變化也都在「可知」的範圍之內，算在黑暗中也可以「盲」從，可以安心。但問題是，怎麼這些預言放在那幾百幾十年，沒什麼人理會這些「警示」提早預備或是去做出改變，而是選擇什麼都不做、都不改變，以致於等「預言」成真之後，才開始佩服這些先知的先見之明，然後就有更多人應和成為事後諸葛。「先知」不是預知災難，而是呼籲大家防範於未病未然的智者——薩古魯講的很好：與其關注專家或先知預言將還會有多少人感染、死亡，為何不關注在我們現在能做什麼，阻止更多人被感染與死亡呢？

洞悉力

第二個是洞悉力，與全局力配套，因為等你有了廣角廣義的全局力，接下來就要有微觀的洞悉力，可以一眼看到細部的變化。見微知著、一葉知秋的能力很重要，這個練習可以從看《人類》

（Human）這類紀錄片開始。當然奧斯卡最佳影片《寄生上流》、入圍奧斯卡最佳紀錄片的《親愛的莎瑪》（For Sama）、《洞穴裡的醫院》（The Cave）、《小宇宙》（Microcosmos）等影片，這些都是我練習深刻洞悉力、同理心的自我學習教材。

我們也可以從生活中任何一件小事停下來，看到最深的源頭、起因、脈絡、演變與哲理，直到我們有辦法以內心洞悉之眼看到真相時，我們才不會被表相所矇騙。

免疫力＋自癒力
免疫力

第三個是免疫力。普立茲獎得主麥特・瑞克托（Matt Richtel）在《免疫解碼：免疫科學的最新發現，未來醫療的生死關鍵》（*An Elegant Defense: The Extraordinary New Science of the Immune System, A Tale in Four Lives*）書裡提到：「免疫是一切平衡的系統，因為它的設計重點在維持生命的動態平衡，攻擊並化解真正的危

險，同時展現足夠克制，不讓攻擊力道摧毀身體。」

這次 Covid-19 造成的全球疫情，敲醒每個人重視自己的健康，並讓所有人知道「免疫力」的重要。所以大家可以上醫療官方網站搜尋如何增強自己免疫力的方法，例如多曬太陽，盡量選吃自然無汙染、能提升免疫力的有機食物（而非吃過多的保健藥品），多運動，去大自然樹林中深呼吸，冥想調息、不焦慮……等等，讓身體有強大的免疫力，才是根本。

如果我們是恐懼的，恐懼就會與病毒的頻率相應。我們不會因為不信任空氣而不呼吸，我們生來要呼吸的前提就是要「信任」，但空氣如果充滿了汙染，那麼「恐懼的霧霾」就會引發一連串呼吸器官、免疫系統的相關疾病。《信念的力量》這本書與影片中提到：「壓力、焦慮、緊張會降低我們的免疫力，信念是最強大的生命力。」所以平時一定要隨時覺察，如果自己陷入恐慌與焦慮，一定要停止並馬上調頻，靜坐靜躺或是用音樂調頻都行。調完心情頻率後再做事，就不會把自己的焦慮恐慌頻率，繼續投放到自己與周圍人的未來。

自癒力

第四個是自癒能力，是與第三個免疫力配成一組。大家也可以搜尋正式醫學網站，而非未經醫學證實的網路消息，把「免疫力、自癒力」的資訊研究透徹，就像是把自己當成是家庭醫師來培養——本來自己的健康就該要自己負全責，千萬不要把自己的健康視為是醫生護士的責任。平時注意健康，就會為你的未來省掉大筆的醫療費，這比買保險更重要。

日本外科名醫岡本裕在他的《90%的病自己會好》一書中提到，功能正常的自癒力可以處理人體內90%的病痛；美國神經科醫師黃如玉曾經提到，我們的身體每過7年就會將全身上下的細胞「重新更換」一次，而代謝會發生在身體的每個部位，不斷的修復、淘汰與再造。一個人的自癒能力愈好，身體的修復和淘汰能力就愈好。Heho健康網也建議以下強化自癒力的方法：一、不要濫用藥物。二、充足的睡眠。三、愉快的心情。四、定期適度的運動。五、均衡的飲食。

關於「免疫力」、「自癒力」，各派醫生或專家也都有不同的看法，以上僅供參考。每個人現在可以自許為自己身體健康的研究員與執行者，這會是你在 2020 年最重要、最關鍵的轉捩點。十年後身心健康的你回來看 2020 年，你會感謝這一場疫情提醒你「免疫力」、「自癒力」的重要。

應變力＋風險力
應變力

關於第五個應變力、第六個覺知風險並做好風險管理的能力，這兩個是成組配套，用來培訓自己「應變未來」的能力。

變局沒來之前，你所有的準備叫「杞人憂天」，變局臨時駕到的時候，你所有的準備叫做「先見之明」。好友比爾賈有句名言：「永遠都沒有準備好的時候，但永遠是都準備好的。」我改寫成：「永遠都沒有準備好的時候，但當事情來臨時，我們要讓自己已經準備好。」變局是給毫無準備的人臨時抽考，正如同有人說：「樂觀

的人發明飛機，悲觀的人發明降落傘。」你若有多元身分，隨時都可以拿出相應的牌，這也就是大家都明白的道理：「疾風知勁草，殺不死你的，會讓你更強大。」

風險力

風險力是指在變局變動之下，要設安全保底線，保自己與大家的命，並在超越風險變局的高維視野中看到未來新的生活、工作形式，自己的夢想才能在「大家一起好」的環境中發揮到無上限。

我們可以看到在疫情期間，許多企業撐不過幾個月業績掛零的狀態而相應倒閉；瑞幸連鎖咖啡被爆做假帳而造成股價崩跌 74%。所以在風暴變動期要特別注意「保命保本、穩紮穩打」，不要有太大的金融冒險（期貨、槓桿、融資⋯⋯）。

此外，這次疫情來得很突然，就像是無預警的臨時抽考，考大家平常是否準備好足夠應變的生活基金。平時沒有做好財務規劃的人，這次疫情就特別恐慌，因為沒有人能知道何時才能復工，而

且各國接連封鎖，如果是跟國外訂單有關的工作就大受影響。如果你也是恐慌者，經過這次的教訓之後，就要馬上重建財務保命保本金字塔：

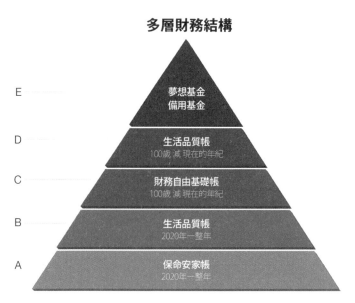

多層財務結構

E —— 夢想基金
備用基金

D —— 生活品質帳
100歲 減 現在的年紀

C —— 財務自由基礎帳
100歲 減 現在的年紀

B —— 生活品質帳
2020年一整年

A —— 保命安家帳
2020年一整年

多層財務結構，建好守好財庫水位比例：把焦慮頻率轉為安心

此概念引自我在 2020 年 1 月開設的《天賦財富課》，詳情請見李欣頻臉書粉絲頁訊息。

A. 保命安家帳（一年份）：生命地基

先算一下自己一年（12 個月）必要開銷 A：

生活費、房租／房貸、水電瓦斯電話費網路費餐費、養家費……

今年所有的收入先留出 A 的部分→放入安心安家帳本。

達標後，將剩下的錢入 B。

B. 一年份生活品質帳：

〔A+（學習＋體驗＋旅行＋健康＋娛樂等）〕X 12 個月＝ B

B 達標後，其餘款入 C → D → E

C. 財務自由基礎帳：

預留未來生活基本開銷＝ A ×（一百歲減掉現在年齡）＝ C

D. 財務自由生活品質帳：

預留未來有生活品質的生活費 B ×（一百歲減掉現在年齡）＝ D

E. 緊急備用金＋夢想無限基金：

等到 D 達標之後，多出來的錢固定預留一半為緊急備用金，非特別必要，否則不可動用這筆款。

另一半做為夢想無限基金（現在可以開始列心願清單，從小願→大願）

以上是我給有財務狀況（入不敷出、負債）的學生們調整財務體質的方法，但我因為沒有「入不敷出、負債的金錢木馬程式」與「財務問題」，所以我使用的是我在《心誠事享》書中提到的 10：1 法則，就是我從 19 歲開始至今，每個月每一筆收入都是把十分之九存在保本保息帳本，並用來買一棟自住的房子，十分之一為生活基本費用。為了擴大生活基本費用，我努力創造副業收入，等財務水庫穩定了，而且檢查沒有金錢木馬程式之後，就可以不必再聚焦在「錢的節制」上，轉為聚焦在自己想體驗與完成的「無上限夢想」，例如：旅行、辦線上學校與研發課程的學習基金……，因為自己不會亂花錢來填補內心空缺，但如果有人目前是負債、入不敷出，或是月光族，那千萬不能專注在花錢、過度消費、刷信用卡、借貸……都不行，這只會把金錢的漏洞越搞越大。所以每一筆錢進來，一定要先照 A → B → C → D → E 的方式分層填滿你的水庫，之後就算臨時遇到失業，或是任何變局多久都不必擔心。不給身邊的人添麻煩，就能為大家省下最大的社會成本。

如何找到自己的金錢木馬程式

當人有金錢木馬程式，就相當於開一條底部有破洞的船，他／她的生活風險就會比別人高很多，所以無論如何要先找到自己的金錢木馬程式。如果有債務就一定要先還債，還清之後，後續的資源進來才能是正資產。

特別是在變動劇烈的「疫情」期，會毫不留情衝刷掉許多泡沫。如何找到自己的金錢木馬程式，幫自己補好財務漏洞呢？

1. 檢查自己是否漏財：

例如，如果你覺察到自己經常無意識地買過多的衣服、保養品，表示你可能太在意別人對你的看法；如果你一看到有新款的手機上市就衝動地想擁有，即使你的手機才剛買沒半年，你檢查一下自己內心是否空虛寂寞，需要朋友關心？

可以反思自己是否「以錢來撐自尊」？是在哪個項目花最多錢？能否看到自己想填補什麼內心洞缺？之後若發作可以怎麼調整？如果老是覺得自己不被尊重、不被認可，那是因為潛意識你也不

怎麼尊重、認可你自己；或是如果你老覺得別人不尊重你的行業，那是你不尊重自己的行業，很明顯的就是「自信與自我存在感嚴重不足」，時時需要得到別人肯定與認可，這木馬程式會動不動創造出「老是覺得別人看不起我」的誤會與衝突，特別是在疫考期間經常會突顯這個「疫」題，久了大家就會遠離，造成人際關係越來越差、資源越來越少……越來越匱乏，直到吻合其「低自尊水位」為止。

此外，我在《人類木馬程式》裡提過：有金錢木馬程式的人，需要透過快速且投機來賺很多錢，以掩蓋自己的低自尊水位。如果你發現自己有這種狀況，一定要盡早補足這個程式的漏洞，否則賺再多都會漏財。漏財的方式包括：亂花錢、借錢給人但收不回來，或是投資失敗……把前面賺的全部都漏光，浪費的是自己的生命時間。

2. 檢查自己對金錢的態度：

- 是否對於要付的款能拖就拖→匱乏頻率（你拖別人，別人也拖你）

- 對於別人的欠款不耐煩→不安全感頻率，最好以後盡量不要輕易借錢給別人，除非你已經達到了 E 水位，除非對方真的有生命急用，否則你也只是拿錢去填對方金錢木馬程式的坑，而且通常很不容易拿回來。特別不要把錢交給「賭徒型」的人。什麼是賭徒型的人呢？就是老是說「我下次一定會贏、我運氣很好、我不一樣、你這樣慢慢存錢太慢了、投資這個一定賺、借我錢一定連本帶利還你……」再次提醒，以上詐騙話術不要勾到你想賺快錢的不切實際，搶快呷緊弄破碗。此外，如果有人找你合夥，你要看清底細弄明白，你們能魚幫水、水幫魚地彼此共好，還是要你幫忙填坑？
- 在變局沖刷泡沫期，不要陷入賭徒的劇本，不要亂投資，也不要輕易借錢，如果你因為怕失去這朋友而借錢讓他去賭或是亂花，將來他不還錢你會很氣他，最終你還是會失去這朋友。
- 有錢的人也可能會有金錢木馬程式→怕自己有一天會瞬間失去錢的焦慮頻率。所以如果你的收入或財產豐厚沒有問題，請還是參看多層財務結構，並檢查自己是否有金錢木馬程式，以防之後瞬間漏光。

3. 檢查自己的能量流:

檢查自己是否動不動就取消、改約、不回覆別人訊息?如果你可以列出半年內有這種現象多達十次以上,表示你習慣以躲避方式面對眼前的資源能量流。另一方面你有可能經常自不量力承諾過多,但總是力不從心,你需要馬上調整「眼高手低」的不平衡狀態,從今天起只承諾你做得到的,一旦承諾之後就不要找藉口拖延或不完成,你取消或爽約的次數越少,你的能量就越穩定。

4. 檢查自己內在的生命地基:

你是不是很愛找麻煩、很愛麻煩別人?表示你非常需要關注,背後代表的可能是愛的匱乏。我舉以前帶學生出國參訪的例子:有的人行前通知看都不看,每想到一個問題就直接發問,連自我思考都沒有,潛意識需要別人關注,這樣就算再多錢進來也是虛的,因為內在生命地基一直是空的。

5. 不要被競爭拉離了你的生命跑道:

最多人中的人類木馬程式就是「競爭木馬」,為了掩蓋內在覺得自己不夠好,所以帶著焦慮自己不夠好的頻率,非常拚命「成為

更好的自己」。以焦慮出發的頻率，吸引到的是讓自己更焦慮的狀況，一路努力向前奔衝的結果，往往會付出焦慮甚至是健康代價，而且跑那麼快，只知道要跑贏別人，但不知道自己要跑去哪裡，等於被「競爭」拉離了自己的生命跑道。

要如何檢查自己是否中了「競爭的木馬程式」？問你一個問題：

如果 A 公司付給你一個月台幣三萬元的薪水，但給你討厭的同事是三萬五千元。另一家 B 公司給你一個月兩萬八千元，但給你討厭的同事是兩萬元。請問你會選哪一家？

如果你選的是 B，一下就能檢測出你中了「競爭木馬程式」，你會花很多時間只是為了「贏別人」，贏了面子輸了裡子、輸了自己，就像很多網紅被流量數字綁架了自己的生命時間與健康，努力賺的錢最後貢獻給了醫院醫生。如果現在為錢賣命，以後就得以錢續命——這樣的自我覺察，可以瞬間從無意識無明的焦慮中醒過來，只要你移除掉自己的競爭木馬程式，把健康快樂放在第一位，你已經省了未來大筆待支付的醫藥費與身體病痛。

這次疫情期間，有媒體居然把各名人贊助多少做成慈善排行榜——愛沒有尺度標準，更不是拿來八卦競技。我們需要每天找時間先找到自己的卡點，想像下載一個智慧版軟體進到腦中，以高維度的視角破解自己內在競爭、戰鬥、憤怒不平、想抗爭、反抗、吵架的自動反應模組，清理內在「因過去的創傷故事而以為自己不夠好，所設虛幻目標、好戰好鬥以證明自己存在價值」的錯誤理解，不讓未來的寶貴生命時間活在別人眼裡，敗在別人嘴裡，不再虛假奮鬥為別人活得這麼累，並移除所有影響身心健康的負面頻率，包括：委屈、傷痛、焦慮、控制、不平衡、不自信、不被關注、感覺不被愛、沒有安全感、否定自己……所造成的創傷印記等，就像是你每天洗臉刷牙洗澡一樣淨化你的心靈——當你內心與世界鬥爭的戰場轉為和平、愛、創造力的殿堂，你就不會再以競爭、攻擊做為唯一的反應方式，你跟自己的關係、家人關係、同事關係、伴侶關係、親子關係就會從緊張到和諧，這樣外在就不需戰場了，有助於你每一天醒來都能輕裝輕盈，以新版本過全新的一天。

6. 危機即轉機之蛻變法：

這次疫情讓很多人借出去的錢、投資的錢，因為對方倒債或經營不善而拿不回來，憤怒、沮喪、追債無果之後，人生陷入了泥沼深淵。我舉一個身邊朋友的例子：她年紀輕輕，不到 35 歲就賺到了一千萬台幣準備用來養老，後來她的閨蜜幫她拿去投資並承諾高額利息，結果血本無歸，一毛錢都拿不回來，把她辛苦賺的錢全倒光了。她既憤怒又沮喪，一直徒勞於追回這筆錢，導致她根本無法專心工作，客戶也對她越來越不滿意，連現有的工作都做不了，健康狀況更是雪崩式下滑……她遇到了這樣重大的人生困境後，來問我該怎麼解決這個問題？

我問她：「如果三年後，你特別回頭來感謝這個人，你覺得可能的版本是什麼？或者說，你現在被騙了一千萬，你以後要賺到多少，才會覺得這一千萬根本不用放在心上？」

她回答：「要賺到比失去的多一倍的錢——即兩千萬。」

我說：「你有發現自己也需要對這件事負責嗎？你內在已經藏設

有『我要擁有更多錢來讓自己退休』的企圖，但因為你的『焦慮』頻率，所以讓別人有機可趁地讓你掉進『賺快錢』的坑中，因為焦慮創造焦慮，所以錢進來得快，出去得也快。你必須先移除自己『急著要退休』的焦慮木馬程式，好好享受工作帶來『非金錢』樂趣與成就感，當你重回『信任』與『豐盛』之流，就不會再被別人設的各種『套利方案』所誘惑。只要你填好內在金錢木馬漏洞，將來也可以在最短時間賺回比原來更多的資源，至於是一倍、十倍或是多少倍，都不必再投放焦慮頻率去設定，不要再落入『想快點賺回來』的惡性循環，那麼你將來會感謝這位閨蜜打破了你『以為安全但其實是限制的擋水板』，逼你回流到無邊的大海。這樣轉念，反而讓你有機會離開焦慮，進入豐沛創造之流中，比你原來的狀況更好；但如果你受困在此刻，從此走上了埋怨、自暴自棄的人生，一直追討這筆沒有希望追回的錢，因而不能去好好服務客戶而流失更多，也沒有心思能力去創造新的財富、享受快樂，那麼你未來三年的人生將全被這一千萬困住，最終給自己選擇了更悲慘版本的人生。」

星際大戰最終回《Star Wars：天行者的崛起》整部電影提到如何面對內在黑暗面，呼應到我們生活中的黑暗面則是來自生存焦慮。如果你在這段時間與人發生財務糾紛，其實都在挑戰你的生存地基，挑戰你的恐懼，倘若你不去找出每一條負面情緒背後困住你多年的木馬程式，沒去用更深層的療癒轉換成高維頻率與智慧視野，你也出不了困局——不甘心就會被困住難逃脫，無所謂才是解套解藥。當我們遇到這些重大的關卡及創傷時，翻轉人生版本不是去逆轉過去，而是改變現在自身看待這些事情的角度、心態、情緒、頻率、行動，聚焦在如何把「受損」轉成「新契機」，深入破解它，相當於你剪掉綁在腳踝與石塊連接的線，然後從迷宮升起，以未來的視角鳥瞰出口在哪，並歸納出自己因此獲得了什麼樣珍貴的啟示與力量？帶給未來怎麼樣巨大轉折與影響？如此我們就會創造一個全新版本，這就是為何我們要感激人生中曾經遭遇的重大創傷和挫折，代表著我們現在決定不往舊頻率、舊版本繼續進行，把未來人生轉向「喜悅、豐盛」的版本，這就是危機蛻變成轉機、升維化險為「宜」的關鍵。

智慧力＋喜悅力

智慧力

一遇到任何事，請不要用你原來的模組來反應，先拉到智慧版的自己來決定你想要哪一種關係，哪一種結果，然後再倒推選擇你現在要怎麼反應，這就是智慧。還有一種提升智慧的方式就是：在講話、行動之前，都先在腦中想一下這句話、這個行為，如果對方聽到或是感受到之後會有什麼樣的反應頻率？這頻率是愛還是恐懼？是好還是不好？然後你再調整成正向、好的、有愛的語言與行為，千萬不要說出狠毒或是傷人的話，也不要去八卦或是攻擊別人，更不要無意識地生是非事端，這樣可以確保你一直在創造好的命運版本。

薩提斯·庫瑪說：「冥想不只是閉目打坐，而是滲入到每一天的言語、行動、工作與每個關係之中，自我覺知和意志力是一座座需要攀越的山峰，當我們到達山峰的頂端，自己也能在經歷中轉化，慢慢看到越來越遼闊的人生風景。」只要你每一次都是以善

良為前提的最高智慧來所思、所言、所行，你就可以省掉未來無數次後悔、道歉、收拾殘局的時間，這就是智慧版的你，當下可以完成的部分。

關於智慧力，我在《人類木馬程式》以四大種類、五大模組、52 分支模組的木馬程式說明得很清楚，包括相應的書影單也列在其中，大家可以從這本書做為提升自己「智慧力」的第一本入門磚。此外，每天晚上要請傾聽自己內在智慧之聲，並反思自己有無要修正的部分，這就是曾子所說：「吾日三省吾身：為人謀而不忠乎？與朋友交而不信乎？傳不習乎？」意思就是：每天要自我反省三件事情：替別人做事，有盡心盡力嗎？和朋友交往時，是否言而有信？承諾的話都兌現了嗎？都做得到嗎？有不誠實的地方嗎？老師教導我們的一切，我真正去實踐了沒有？

「三十而立，四十而不惑、五十而知天命、六十而耳順、七十而從心所欲不逾矩。」不必等到這些年齡才去做，每天問自己：今天有在自己的生命地基主軸上了嗎？對生命不再困惑了嗎？知天命了嗎？自己不再因為有木馬程式而有刺耳的話進到自己的舊創

傷嗎？自己能自由自在、隨心所欲不逾矩了嗎？菩薩畏因，是高維度智慧的事先覺察，找出關鍵，冷靜決策，防患未然；眾生畏果，是無分辨力的恐懼恐慌，杯弓蛇影，見影開槍，大亂陣腳。我推薦大家平時多看提升自己智慧的書，最好占你每個月書單至少 1/3 以上。我自己看智慧類別的書，占平時閱讀量的 2/3 以上，例如：《鏡子練習》、《一念之轉》、《回到當下的旅程》⋯⋯因為智慧比知識重要多了，智慧會幫我們快速升維，跳脫出現有的人生困境。如果要我推薦一本必看的智慧之書，我會推薦拜倫・凱蒂（Byron Katie）的《一念之轉：四句話改變你的人生》，這本是逆轉我人生困境的書之一，大家可以多看多練。

喜悅力

與智慧力配套的就是「喜悅力」，一旦你有了智慧，本自具足的心境就會自帶喜悅力。關於喜悅幸福，市面上已經有很多身心靈成長的書可看，我們應該每天檢測自己是否快樂。

只要你現在看到這本書，表示你已經在充滿意外頻傳的 2020 年平安

地活下來，光這點就很不容易了。周圍沒有敵人，只有自己對自己的敵意；周圍沒有貴人，只有自己對自己的善意；周圍沒有愛人，只有自己對自己的愛意。所以要改變命運的唯一方法，真的只有改變自己的心態與頻率。

我簡單列出市面上有哪些關於快樂幸福的書，如果你在剛才的 14 力自我評量中，喜悅力低於 60 分，建議你可以把這類型的書列為優先閱讀與實踐的書單：

喜悅力書單
《更快樂：哈佛最受歡迎的一堂課》
《哈佛教你幸福一輩子》、《快樂是可以練習的》
《世界上最快樂的人》、《改變 20 萬人的快樂學》
《感恩日記》、《感恩的狂喜》
《12 個月的感恩練習》、《幸福的魔法》
《尋找全球幸福關鍵字》

班夏哈在哈佛大學開設的正向心理學，選修人數是全哈佛的 1/4；勞麗‧桑托斯在耶魯大學開設的「心理學與美好生活」也吸引了1200 名學生、占全耶魯學生的 1/4。我們可以從這幾個知名大學的「幸福課」開始，補修我們的快樂學分。此外，我推薦與「快樂學」有關的電影：《尋找快樂的 15 種方法》、《哈佛沒教我的幸福課》，重設自己的幸福信念程式，平時也可以多看讓自己開心的電影，聽讓自己快樂的音樂，多做能讓自己快樂的運動、舞蹈，多跟快樂、樂觀的人在一起，多曬太陽並多到大自然裡走走，讓自己的喜悅力平均分數要在 80 分以上，否則追求再多的財富、名利，只要自己不快樂，憂鬱症都會殺死你的。

如果你或身邊親友有憂鬱症狀況，除了要去看專業醫師之外，你們也可以把自己當成研究專家去廣泛搜讀相關書籍，因為憂鬱症已經是現代人常見的心理疾病，特別是這次疫情的種種導致憂鬱症爆發。我簡單列一些自己收藏的憂鬱症書單，讓這些蛻變之光指引我們走出幽谷隧道：

憂鬱症相關書籍

《闇黑情緒》

《我們都有小憂鬱》

《當你開始憂慮時》

《黑暗，也是一種力量》

《我的憂鬱症》

《看得見的黑暗》

《恐懼的原型》

《終結憂鬱症》

《讓憂鬱微笑的 20 個好習慣》

蛻變力＋重生力
蛻變力

「雞蛋從外打破，是食物；從內打破，是生命。」──這句被很多人列為勵志金句，特別能詮釋「蛻變」的生存動力。

這次疫情強迫許多產業轉型，例如網路訂購外送到家：餐飲、書籍、生活用品、半成品菜、廚師、健身教練、家庭整理師⋯⋯，以及看病、健身、看電影、心理諮商、教室教學、會議、演唱會、藝術表演⋯⋯紛紛轉在網路線上進行。當人們開始學習並適應這種介面之後，就會發現省了非常多的交通成本、空間租借成本，碳排放也大幅降低，將來要重回到原來模式就很困難，這些轉變就已經不必再逆轉了，就像蝴蝶沒法變回毛毛蟲、青蛙沒法變回蝌蚪。在生物界這種現象有個專有名詞叫「變態」（改變形態），在《蘇利南昆蟲之變態》（*Metamorphosis insectorum Surinamensium*）一書中提到：「昆蟲第一次變態為蛹，毛毛蟲的第二次變態則分兩種：白晝活動的為蝴蝶，夜晚活動的是蛾。」我們這次因疫也發生了兩次變「態」，第一次是封鎖期的「繭居」工

作與生活狀態，下一階段就是解封除疫之後的永久性改變。這種從生活、工作、到身心狀態徹底且快速的全方位蛻變，有人稱之為「宅經濟」，或是「零接觸經濟」。一如薩提斯·庫瑪所說：「蜜蜂從一朵花飛向另一朵花，從來不會採太多，不曾有哪朵花抱怨說它們採走了太多花蜜。採蜜之後，蜜蜂將其轉化成為甘甜、美味又健康的蜂蜜，這一過程是發生在釀蜜行為相平行的神聖維度。」疫情也為我們建立了「神聖轉化」的平行維度，這就是蛻變之美。

重生力

沒有破壞就沒有重生。如果我們帶著無條件愛的頻率，所有的崩解突破都是為了把內心那堵防衛的高牆沖破——在 2020 年翻天覆地的變動之後，該揭露的、該沖刷的……無一倖免，很多人在感情、家人、工作、金錢財務、身心健康、生活上經歷了重大的、宛如生死交關的銳利轉變。回顧這一整年，這次疫情讓你發現了哪些你以前忽略的事情？你失去了什麼？獲得了什麼？領悟到了什麼？引發你哪些更深度的反思？給了你未來什麼樣有建設性、

有創意的靈感、研究或創作計畫？

薩提斯·庫瑪說：「進化和轉化是雙胞胎，它們總是攜手並肩前行。進化的過程必然會改變我們現在的生活方式，雖然永遠不會有一個突變的進化點，但是我們正朝向一種新的、神聖的心靈進化狀態：我們將意識到彼此都是互相聯繫的。」記得每一天隨時重啟自己生活與信念系統，重新灌入自信、愛、勇氣、彈性、清晰、智慧的頻率，練習勇於表達自己、活出自己的內心感受，感謝與力量有助於我們重新找回自己的天賦創造力；重新聚焦在自己與所愛的人身上，不被其他無謂的瑣事分心，就像是你打開彩虹投影燈，無論投到任何地方都會是彩虹。這就是 13 世紀的波斯詩人魯米所寫的：「昨天的我很聰明，所以我想改變世界；今天的我有智慧，所以我改變自己。」

如果說自癒力是身體的修復能力，「蛻變力」、「重生力」就是心靈的再重啟能力。我曾在《人生十四堂創意課》裡提到「虛擬死亡」，就是我重啟自己人生的方法，音樂調頻也是。網路上流傳的一部名為《你該豐富的不是履歷，而是人生閱歷》的影片，講述

的是哈利波特作者羅琳如何被諸多出版社拒絕後還是堅持到底、被 Facebook 與 Twitter 拒絕的 Brian Acton 最後創辦了 WhatsApp。以及澳洲大火過後，許多植物迅速絕處逢生、有些動物斷肢斷尾後還能重生……這些大自然的啟示，都可以做為自己演練「重生力」的參考。

人們總說時間可以改變很多事，但事實上必須由你自己去做出那些改變。

——安迪·沃荷

另外，我藉著看電影投入主角的人生，來虛擬演練自己各式各樣的應變力、蛻變力、重生力的方法。一旦我們能在電影裡提煉出該部電影的高維視野，不僅為人生省了繞彎路、找出路的時間，也可以藉由電影劇情，鍛鍊自己在人生低谷中翻身、重啟新命運版本、隨時更新自己的招式。

如果落實到生活中的「每日維新」，首先要明白：我怎麼看我自己、怎麼認定我自己，我就會變成怎樣的人。所以當有人說自己

三十歲就老了、四十歲就老了，他們正選擇活出自己的老去，而我們可以選擇更新版的自己。如果你身負重擔，情緒與壓力壓得你喘不過氣，請勇敢的放手吧，因為焦慮、壓力會讓人加速衰老。

記得隨時卸除舊版的自己，幫自己更換新的心理周期，重新接上百變版的自己，大膽跳進優雅的新生活版本，這就是常保青春的祕訣。每天晚上最好能泡澡，如果家裡沒有浴缸，就想像自己在充滿淨化之光的溫水瀑布中，洗刷自己的舊細胞以及沉重的情緒印記；睡覺前，把自己叨叨絮絮的頭腦關掉，把自己各種身分角色名字的包袱卸下，然後想像自己像一片輕盈的羽毛，無事一身輕地飄到床上，想像你的床就是你的回春聖殿，透過一晚好眠，重新返回到年輕版的自己。

藝術力＋創造力

藝術力

在疫期間，許多因「疫」而生的藝術型式百花齊放——「美」是一種能量，能快速翻轉出我們目前受困的維度，所以藝術鑑賞力、美學力、創造力、創作力就非常重要。在你多元的人生藍圖中，可以規畫至少一個以上的藝術家身分，無論是作家、演員、導演、畫家、書法家、攝影師、音樂家、歌唱家、舞蹈家……都行，但一定要有一個藝術家的身分幫助你維持生命創造力，隨時升維並補充藝術高蛋白。

創造力

創造力、創作力是越練越豐沛的。請自現在起每天都要留時間創作，成為自己生命中最強大的創造者。

如果你覺得自己靈感經常斷線，可以選一首寧靜而流暢的曲子，

創造力電影

《草間∞彌生》

《米開朗基羅：無盡之詩》

《聲入奇境：經典配樂大師》

《高第聖家堂》

全能力＋豐盛力

全能力

我在《人生變局創意學》提到：無論你是哪個科系或是專業，現在都必須把自己當成半個地球學家＋半個物理學家＋半個天文學家＋半個古文明學家＋半個靈性哲學家＋半個醫生＋半個野地求生專家，每天關注地球動態與星空變化，關注自己與他人的和諧成長，這些都是要成為新地球公民的必修學分。

等到以上 12 個升級力完成後，幫自己再列 7 到 8 個平行身分，讓自己全面、全能而不受限於自己的專業，而這 7 到 8 個身分最好要涵蓋「創意」、「表達」、「美學」三大領域，逐漸恢復自己

的「全息態」，其代表指標人物就是開創古風美食影音作品的李子柒，她自給自足把簡單生活過得極美，活出自己的美學生態。

當你第 13 個「全能力」拉升到 80 分以上，就相當於你同時擁有電影《分歧者：異類覺醒》裡五個派別的分歧者（Divergent），我稱之為全能者。這五個派別是：克己無私派（Abnegation）：追求大公無私，相信人若無私，世上將不再有紛爭。友好派（Amity）：愛好和平，盡全力避免一切衝突。無畏派（Dauntless）：崇尚勇敢，他們立志成為保衛社會的力量。直言誠實派（Candor）：厭惡謊言與迂迴隱瞞，視謊言為戰爭的導火線。博學派（Erudite）：重視知識，認為學問是一切的根本。當你擁有這五個派別的能力，你才有辦法跳脫遊戲規則的框架，自訂「大家共好」的遊戲規則。

豐盛力

《改寫人生的奇蹟公式》提到：「我們不必創造富饒。富饒一直都在。一如我們不需要創造愛、幸福或快樂，因為那已是我們基本天性的一部分；我們不需要學習敞開心胸或與其他人連接，因為只要不阻止，它就會發生。我們可以隨時回到生命的原始恩典，

天性的一部分；我們不需要學習敞開心胸或與其他人連接，因為只要不阻止，它就會發生。我們可以隨時回到生命的原始恩典，不需要刻意努力取得，不需要做些什麼、成為什麼，也不需要擁有、得到、改變、練習、學習任何事，只要回歸到自然的生存狀態，人類與生俱來的幸福感就是原廠設定。」當你的第 13 個力備足了，第 14 個豐盛力的水位自然水漲船高，你能從內在相信並感受到你真的很豐盛，就不會陷入生存的焦慮，可以優雅地活出你本來的自信美與豐盛意識。這個優雅是因為神聖時間的尺度比人大，神性版的一分鐘相當於人的一小時，所以你可以優雅而緩慢，不急不徐不焦慮，讓自己安心之後，再以自己獨特精彩的閱歷，創造更多元豐富的人生。

當我們把 12 個力都升級，全能力與豐盛力提升到百分百的完整維度後，整個「因應變局未來，全方位自我升級的 14 組動力結構」系統就完成了。

《耶魯最受歡迎的金融通識課》、《分歧者》（電影）

第 6 章

全人類的升級與過關

萬物皆有裂痕，那是光進來的地方。

There is a crack in everything, that's how the light gets in.

—— 加拿大詩人歌手李歐納・柯恩（Leonard Norman Cohen）

人類歷史中發生過幾次「集體轉捩點」，例如地區或國家的天災人禍：火山爆發、森林大火、地震海嘯、洪水旱災、政治對立、經濟劇盪、世界大戰、全球疫情……，但沒有一年像 2020 年這樣全球閉關聯考的規模，我們損失了許多，領悟了許多，也收獲了許多。波蘭創作者莉雅・蘇可（Riya Sokol）拍攝了一部《冠狀病毒，謝謝你》的影片，她以非常高智慧的角度，提醒我們如何總結這次人類大疫考：「謝謝你震驚了我們、讓我們停下來了解這個世界需要改變，在重挫後仍給我們從頭重建這個世界的機會。」

邱吉爾說：「不要浪費一場好危機。」2020 全球超級大考，每個人都在地球考場上面對自己專屬的考題。我們不變，病毒就現；我們改變，病毒不見。疫情之下，地球學校，人心是題型，集體主修過關的解答是愛——我喜歡《寶瓶同謀》的這段比喻：「古印度經提到，因陀羅的天裡有一面珍珠網，你只要看其中一顆珍珠，

就會看到其他每一顆都反應在這顆珍珠上。如果我們意識到了可能沒有明天，那麼在今天改變的人，就得到了蛻變的機會。」

透過我們的覺知，破除恐懼的框限，放掉對地球有害的生活方式，以覺醒的「疫圖」修正過去錯誤的地圖，珍惜當下的生命，啟動無條件的愛的勇氣，只要全人類都升維到地球上方看到考場的設計，就能瞬間知曉把考場改成遊樂場的方法。當大家決定要一起活出「疫」想不到的生活藍圖，也代表著我們已經完成了蛻變重生後的新生命篇章。

願此刻，我們都記得甘地的這句話：「成為你希望在這個世界上看到的改變。」讓我們相約在針孔之眼的另一端：地球大疫考後的新人間樂園見！

作者介紹

李欣頻

政大廣告系畢業，政大廣告研究所碩士，北京大學新聞與傳播學院博士，曾任教於北京大學新聞與傳播學院，擔任《廣告策劃與創意》課程講師，並曾於北京中醫藥大學修習半年。

有著作家詩人的孤僻性格＋靈修者洞察深處的眼睛＋旅行者停不下來的身體＋廣告人的纖細敏感與美學癖＋知識佈道家想要世界更好的狂熱＋教育者捨我其誰的使命感。

曾任廣告公司文案、誠品書店特約文案。宏碁數位藝術中心特約文案創意。

台灣廣告作品

中興百貨、遠東百貨、誠品書店、誠品商場、宏碁數位藝術中心、富邦藝術基金會、台新銀行玫瑰卡、臺北藝術節、鶯歌陶瓷博物館、加利利旅行社、臺北市都市發展局、新聞處、統一企業

集團形象廣告、飲冰室茶集、雅虎奇摩網路劇、台灣大哥大簡訊文學獎、公共電視形象廣告案、2018台灣滷肉飯節……等。

專欄

曾為聯合報、自由時報、廣告雜誌、香港 ZIP 雜誌、皇冠雜誌、TVBS 週刊、ELLE 雜誌、MEN’S UNO 雜誌、費加洛雜誌……等之專欄作家。

任教資歷

台灣科技大學、中原大學、臺北大學、青輔會、成功大學、學學文創、誠品信義講堂、北京大學新聞與傳播學院

太平洋 SOGO、新光三越、AVEDA、衛生署中醫藥委員會、聯電、旺宏電子、德州儀器、統一企業、東森得意購、宏碁、民視、NOVA、康健雜誌、南山人壽、國家音樂廳、國家戲劇院、富邦講堂、誠品書店、數位學院、幼獅文藝寫作班、臺北市立圖書館、桃園巨蛋體育場、文建會公民美學講座、摩根富林明、十大傑出青年基金會、動腦講座、中國生產力中心、數位時代創意實

践講堂、北美館（台灣生活創意座談：誰來寫台灣設計品牌）、當代藝術館、臺北電影節、台灣大哥大、芝普、國貿學院經管策略管理將帥班……以及台大、政大等數十所大專院校之邀，擔任廣告、創意、創作、出版課程之講師。

評審資歷

曾任全球最大學生創意競賽金犢獎決選評審、FRF「時尚拒絕皮草」藝術設計大獎決選評審、2009 臺北電影獎媒體推薦獎評審、連續五屆台灣廣告流行語金句獎評審、2009 年臺北電影節媒體推薦獎評審、誠品文案獎評審、南瀛獎動畫類評審、董氏基金會大學築夢計劃決選評審、中國時報文彩青年版指導作家、TWNIC 第五屆網頁設計大賽決選評審委員、救國團「創意與創業全國」座談會與談人、金鐘獎評審委員。

廣告代言

SKII、香奈兒彩妝、PUMA 旅行箱、Levis 牛仔褲、NIKE、Aêsop 馬拉喀什香水、OLAY、匯源果汁、三星手機等。並獲選為 2008 年度 Intel 迅馳風尚大使。

個人資歷

散文作品被收錄於〈中華現代文學大系〉散文卷。文案作品被選入《台灣當代女性文選》。2009 年金石堂書展選為不可錯過的八位作家之一。2010 年統一企業主辦網路票選年輕人心目中最喜歡的十大作家之一。

2004 年數位時代雜誌選為台灣百大創意人之一。天下遠見文化事業群之《30 雜誌》2006 年 9 月號，選為創意達人之一。2009 年入選年度時尚人物創意家。入圍 2013 年作家富豪榜，同年獲得COSMO 年度女性夢想大獎、講義雜誌年度最佳旅遊作家獎。受邀至 2019 世界閱讀者大會、2019 跨界未來座談會、2019 能量與心靈醫學研討會專題演講。

目前已經旅行包括全歐洲、東北非、杜拜、阿布達比、印度、東南亞、東北亞、南極、美洲、不丹……等 60 多國。

作品

廣告文案

《李欣頻的廣告四庫全書》：

　　《廣告副作用（藝文篇）》

　　《廣告副作用（商業篇）》

　　《廣告拜物教》

　　《虛擬國境》

《李欣頻的寫作之道》（博客來預購總榜第一）

創意教育

《李欣頻的創意天龍 8 部》：

　　《十四堂人生創意課 1：如何畫一張自己的生命藍圖》

　　《十四堂人生創意課 2：創意→創造→創世》

　　《十四堂人生創意課 3：50 個問答＋筆記本圓夢學》

　　《私房創意能源庫：50 項私房創意包‧50 樣變身變腦法》

　　《旅行創意學：10 個最具創意的「旅行力」》

　　《人生變局創意學：世界變法，你的百日維新》

　　《十堂量子創意課：10 個改變命運的方法》

　　《打造創意版的自己：創意腦與創意人格培養手冊》

旅行寫作

《李欣頻的環球旅行箱》：

　　《創意啟蒙之旅》

　　《心靈蛻變之旅》

　　《奢華圓夢之旅》

愛情時尚

《李欣頻的時尚感官三部曲》：

　　《情慾料理》

　　《食物戀》

　　《戀物百科全書》

《李欣頻的都會愛情三部曲》：

　　《愛情教練場》

　　《戀愛詔書》

　　《愛欲修道院》

心靈成長

《李欣頻的覺醒系列》：

　　《心誠事享》（《為何心想事不成》的 2018 增修改版）

　　《愛情覺醒地圖》

　　《人類木馬程式》

（以上三本在博客來暢銷總榜高踞前三名）

創意曆法

《馬曆連夢錄》

《正能曆》

《萬有引曆》

《我｜鏡》曆

《星能曆》

《無限曆》

《預言曆》

《李欣頻的音樂導引專輯》：

　　《音樂欣頻率》（風潮唱片）

　　《音樂超頻率》

李欣頻 Facebook 粉絲專頁 http：//www.facebook.com/leewriter0811

亦可在臉書搜尋：李欣頻讀友會社群

李欣頻 Line ID 搜尋：@happychannel 或「欣頻道」

李欣頻郵箱：leewriter1010@gmail.com

新浪微博、騰迅微博 @ 李欣頻，微信公共號請搜「李欣頻」

參考書目

（第 5 章的推薦不另列入）

中文

大衛・逵曼，《下一場人類大瘟疫：跨物種傳染病侵襲人類的致命接觸》，2016。David Quammen, *Spillover: Animal Infections and the Next Human Pandemic.*

大衛・霍金斯，《心靈能量：藏在身體裡的大智慧》，2012。
David R. Hawkins, *Power VS. Force: The Hidden Determinants of Human Behavior.*

布魯斯・立普頓，《信念的力量：基因以外的生命奧祕》，2016。
Bruce H. Lipton, *The Biology of Belief.*

古斯塔夫・勒龐，《烏合之眾：為什麼「我們」會變得瘋狂、盲目、衝動？讓你看透群眾心理的第一書》，2017。
Gustave Le Bon, *The Crowd: A Study of the Popular Mind.*

西席爾・迪昂，《找尋明天的答案：飲食 X 能源 X 經濟 X 民主 X 教育，解決人類未來生存危機的全球踏查之旅》（電影《明日進行曲》原著），2017。
Cyril Dion, *Demain : Un nouveau monde en marche.*

江江，〈是末日災難還是重生禮物？ Covid-19 給我們的啟示〉，2020。

弗拉狄米爾・米格烈，《鳴響雪松系列 1：阿納絲塔夏》，2014。
Vladimir Megre, *The Ringing Cedars of Russia book 1: Anastasia.*

艾瑞克・卡洛尼斯，《超前十步的洞見力：為什麼賈伯斯、華德・迪士尼和理查・布蘭森等成功企業家可以看到一般人看不到的商機看見看不見的未來：獲得超前十步的洞察力》，2012。
Erik Calonius, *Ten Steps Ahead: What Separates Successful Business Visionaries from the Rest of Us.*

李爾納・杰克伯森，《回到當下的旅程》，2019。
Leonard Jacobson *Journey into Now.*

曼羅迪諾，《醉漢走路：機率如何左右你我的命運與機會》，2009。
Leonard Mlodinow, *The Drunkard's Walk: How Randomness Rules Our Lives.*

麥克·尼爾，《改寫人生的奇蹟公式》，2019。
Michael Neill, *The Inside-Out Revolution: The Only Thing You Need to Know to Change Your Life Forever.*

麥特·瑞克托，《免疫解碼：免疫科學的最新發現，未來醫療的生死關鍵》，2020。
Matt Richtel, *An Elegant Defense: The Extraordinary New Science of the Immune System, A Tale in Four Lives.*

瑪麗琳·弗格森，《寶瓶同謀》，1993。
Marilyn Ferguson, *The Aquarian Conspiracy.*

英文
Gregg Braden, *Fractal Time: The Secret of 2012 and a New World Age*, 2010.

Lee Carroll, *The New Human: The Evolution of Humanity*, 2017.

Satish Kuma, *Earth Pligrim in conversation with Echann Deravy and Maya Kumar Mitchell,* 2009.

Vivienne R. Reich, *Coronavirus Letter to Humanity,*
https://www.facebook.com/photo.php?fbid=4238701006155598&set
=a.102113629814377

Yuval Noah Harari, The world after coronavirus, https://www.ft.com/
content/19d90308-6858-11ea-a3c9-1fe6fedcca75

Yuval Noah Harari on COVID-19: »The biggest danger is not the virus
itself«, Deutsche Welle Interview, https://www.dw.com/en/virus-itself-
is-not-the-biggest-danger-says-yuval-noah-harari/a-53195552

影音
比爾‧蓋茲,《下一場疫情爆發怎麼辦?我們還沒預備好!》,
TED 2015 https://www.ted.com/talks/bill_gates_the_next_outbreak_
we_re_not_ready/transcript?language=zh-tw

《世界地球日 50 周年：休息就是最好的慶祝》，BBC 中文網 2020
年 4 月 22 日 https://www.facebook.com/watch/?v=217339946235203

《明日進行曲》（Tomorrow）

《我家有個開心農場》（The Biggest Little Farm）

《最後晚安曲》（Lullaby）

《愛是會傳遞的》（Life Vest Inside - Kindness Boomerang）

Riya Sokol, »Thank you, Coronavirus« poem, https://youtu.be/sgm9E_
cmvWA

國家圖書館出版品預行編目資料

人類大疫考 / 李欣頻著. -- 初版. -- 臺北市：商周出版：家庭傳媒城邦
分公司發行, 2020.05
面；　公分. -- (Live & Learn ; 63)

ISBN 978-986-477-841-6 (平裝)

1.心靈學 2.靈修

175.9　　　　　　　　　　　　　　　　　　　109005898

人類大疫考

作　　　者	李欣頻
責 任 編 輯	程鳳儀、余筱嵐

版　　　權	林心紅、翁靜如
行 銷 業 務	王瑜、林秀津、周佑潔
總　編　輯	程鳳儀
總　經　理	彭之琬
發　行　人	何飛鵬
法 律 顧 問	元禾法律事務所　王子文律師
出　　　版	商周出版
	115 台北市南港區昆陽街 16 號 4 樓
	電話：(02) 25007008　傳真：(02)25007759
	E-mail：bwp.service@cite.com.tw
	Blog：http://bwp25007008.pixnet.net/blog
發　　　行	英屬蓋曼群島商家庭傳媒股份有限公司 城邦分公司
	115 台北市南港區昆陽街 16 號 8 樓
	書虫客服服務專線：02-25007718；25007719
	服務時間：週一至週五上午 09:30-12:00；下午 13:30-17:00
	24 小時傳真專線：02-25001990；25001991
	劃撥帳號：19863813；戶名：書虫股份有限公司
	讀者服務信箱：service@readingclub.com.tw
	城邦讀書花園：www.cite.com.tw
香港發行所	城邦（香港）出版集團有限公司
	香港九龍土瓜灣土瓜灣道 86 號順聯工業大廈 6 樓 A 室；E-mail：hkcite@biznetvigator.com
	電話：(852) 25086231　傳真：(852) 25789337
馬新發行所	城邦（馬新）出版集團 Cite (M) Sdn. Bhd.
	41, Jalan Radin Anum, Bandar Baru Sri Petaling, 57000 Kuala Lumpur, Malaysia.
	Tel: (603) 90563833 Fax: (603) 90576622 Email: cite@cite.com.my

美 術 設 計	徐璽工作室
排　　　版	極翔企業有限公司
印　　　刷	韋懋實業有限公司
總　經　銷	聯合發行股份有限公司
	電話：(02)2917-8022　傳真：(02)2911-0053
	地址：新北市 231 新店區寶橋路 235 巷 6 弄 6 號 2 樓

■ 2020 年 5 月 26 日初版　　　　　　　　　　　Printed in Taiwan
■ 2024 年 4 月 30 日初版 3.6 刷
定價 380 元

城邦讀書花園
www.cite.com.tw